INHALTSVERZEICHNIS

Dieses Buch widme ich Dave und Ray, den zwei Menschen, die meinem Herzen am nächsten sind.

ICH BIN MEIN EIGENES EXPERIMENT – ICH BIN MEIN EIGENES KUNSTWERK
(MADONNA)

ZUGEGEBEN:

OHNE VERÄNDERUNG KEIN ERFOLG.

Die meisten Menschen haben wegen des hektischen Alltags oder dank der Ernährungs- und Werbeindustrie viele schädliche und unnatürliche Essgewohnheiten verinnerlicht. Die gleiche Industrie verdient sich ihr goldenes Näschen mit Schlankheitspillen, Lifestyleprodukten, Diätempfehlungen und vielem mehr. Eine leidige Erfahrung, die ich selber machen musste und meinen Leserinnen und Lesern unbedingt ersparen will. Wer bereit ist, auf einfache und gesunde Ernährungsprinzipien zu setzen und den »Paleo-Code« ausprobieren möchte, wird sehr viel schneller zu seiner Wunschfigur finden als ich. Das Tolle am Paleo-Lifestyle: Du wirst dich gleichzeitig fitter und gesünder fühlen.

AUF DEM WEG ZUM PALEO-CODE

20 Jahre lang war ich mit meiner Figur unzufrieden.

Zwar war das Gewicht auf der Waage bei mir nie ein Problem, doch hatte ich immer einen kleinen Bauch, als ob ich im 3. oder 4. Monat schwanger wäre. Obwohl ich täglich Ausdauertraining machte, sah ich nicht sportlich aus und fühlte mich schlapp. Morgens kam ich kaum aus dem Bett, egal wie lange ich geschlafen hatte. Meine Laune war dementsprechend schlecht und ich brauchte ein paar Stunden, bis ich mich gut fühlte. Frühstück fiel ganz weg. Weder hatte ich Hunger noch Lust etwas zu essen. Regelmäßig litt ich unter starkem Schnupfen und chronischer Verstopfung.

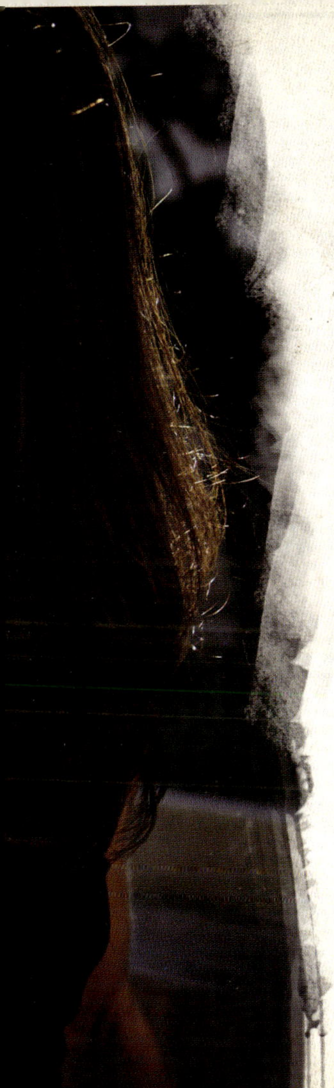

Ehrgeizig wie ich bin, suchte ich nach Lösungen. Ich las alles, was mir in die Hände kam über »gesunde« Ernährung, Verdauung, Trainingsmethoden, traditionelle und alternative Medizin. Dann versuchte ich, eine Zeit lang vegetarisch zu leben. Doch ich fühlte mich noch schlechter und mir fehlten die Nährstoffe aus Fleisch und Fisch. Es folgte eine Mayr-Kur. Eine Woche lang aß ich täglich nur ein altbackenes Weizenbrötchen und trank Tee. Es half nichts. Nach kurzer Zeit war alles beim Alten – und damit genauso schlimm wie vorher.

Ich machte spezielle Bauchübungen, trainierte mit einem Personal-Fitness-Trainer, trank Abführtee und aß getrocknete Pflaumen – der Bauch, die Verstopfung und der Rest blieben über die Jahre gleich.

Als ich Dave[1] kennenlernte – übrigens im Fitnessstudio – fing ich an, nach seinen Instruktionen zu trainieren: weniger Ausdauertraining, mehr und intensiveres Krafttraining. Mein Körper veränderte sich langsam und ich wurde etwas muskulöser. Alles andere blieb gleich.

Als ich wieder mal eine Phase mit sehr starken Beschwerden hatte (Krämpfe nach dem Essen, Blähungen und die unangenehmen Konsequenzen davon), hatte ich genug. Ich ging zu einem Gastroenterologen und verlangte Hilfe. Nach den üblichen Fragen, wie ich mich ernähre und ob ich auch genügend trinke, wurde ich auf Laktoseintoleranz getestet. Ernüchternde Diagnose: Laktoseintoleranz und eine Glutensensibilität. Ich musste also Milchprodukte von meinem Speiseplan streichen. Meine Beschwerden wurden innerhalb der nächsten Tage zwar nicht besser, aber viel spezifischer. Die Blähungen kamen nun immer, nachdem ich Früchte gegessen hatte. Wieder ging ich zum Arzt und erzählte ihm von meinen Erfahrungen. Klare Anzeichen für Fruktoseintoleranz (Unverträglichkeit von Fruchtzucker). Also keine Früchte und nur noch laktosefreie Milchprodukte.

[1] S. 246

NACH KNAPP EINER WOCHE WAR MEIN BAUCH FLACH. HURRA!

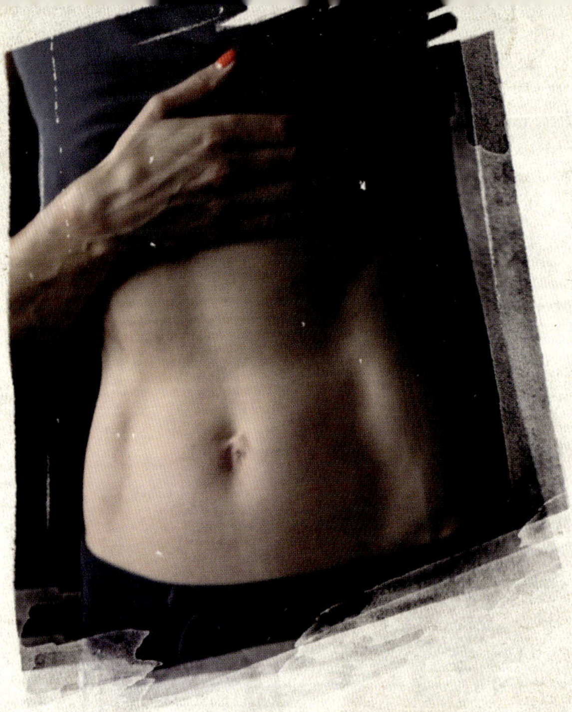

Großes Aber:
Ich hatte weiterhin sehr oft Erkältungen, fühlte mich schlecht erholt am Morgen und litt an schlimmen Müdigkeitskrisen am Nachmittag. Wirklich sportlich und fit sah ich immer noch nicht aus.

Dann, vor ca. fünf Jahren, erzählte mir ein Arbeitskollege, wie er zehn Kilogramm abgenommen habe mit Metabolic Balance. Was mein Interesse weckte, war seine Aussage, dass er nicht nur erfolgreich Gewicht verlor, sondern sich allgemein viel fitter und besser fühlte. Ich las mich durch verschiedene Bücher über das metabolische Syndrom und die entsprechenden Diäten (Metabolic Balance, Metabolic Typing etc.).

Neugierig, ob dies meinen Problemen Abhilfe schaffen könnte, ließ ich mich von einer Metabolic-Balance-Therapeutin beraten, machte den Bluttest, erhielt meinen Ernährungsplan und ernährte mich zwei Wochen konsequent und ohne Ausnahme nach dem Plan. Obwohl mein Plan nicht auf Gewichtsabnahme ausgerichtet war, nahm ich gut drei Kilo ab und fühlte mich sehr schlapp und müde.

Die Umstellung auf eine stark kohlenhydratreduzierte Ernährung machte meinem Körper zu schaffen. Er brauchte jedoch einfach ein bisschen länger, bis er sich auf die Energiegewinnung aus Fett und Proteinen umgestellt hatte. Das wurde mir klar, als ich mich von einem Metabolic-Typing (nicht Balance)-Therapeuten beraten ließ.
Ja, ich ließ nichts aus. Ich wollte alle meine Ziele erreichen.

AUF DER ZIELGERADEN ZUM TRAUMBODY

Auch das Metabolic Typing beruht auf einem genauen Ernährungsplan. Ich wog alle Nahrungsmittel auf das Gramm genau ab und hielt mich wieder acht Wochen an den Plan. Das bedeutet: **keine Milchprodukte, keine Früchte und nur ganz wenige Kohlenhydrate**. Die Fortschritte waren gewaltig. Ich schlief viel besser und tiefer, wachte nach sieben Stunden ohne Wecker auf. Wach, frisch, gut gelaunt und hungrig. Langsam wurde auch meine Verdauung ein bisschen weniger schwerfällig.

Da ich nun mehr Energie hatte als je zuvor, trainierte ich mehr und mehr. Leider veränderte sich jedoch nicht viel. Ich forschte weiter und entdeckte ein interessantes Buch: **The 4-Hour Body** (von Tim Ferriss). Er hat mit verschiedensten Selbstversuchen gezeigt, wie man effektiv und effizient Körperfett abbauen und Muskeln aufbauen kann. Ich las das Buch über Weihnachten 2010. Am 3. Januar im Büro sagte ich zu meinem Arbeitskollegen, dass ich an meinem Geburtstag am 9. Februar mein Sixpack bekommen würde. Er wollte natürlich wissen, wie. Ein Implantat? Nein, ganz natürlich – 40 Tage nur Gemüse (sehr viel Gemüse), Fleisch, Fisch und Eier. Einmal pro Woche einen freien Tag, an dem ich essen kann, was ich will. Drei 30-Minuten-Krafttraining-Sessions pro Woche und zwei 21-Minuten-Intervall-Trainings auf dem Crosstrainer. Und los ging's.

Am 9. Februar hatte ich Arme wie Madonna und ein Fourpack. ☺ Das Sixpack hat ein bisschen länger gedauert.

Falls du jetzt denkst, dass ich mich danach einfach zurückgelehnt hätte, liegst du falsch. Über Tim Ferriss, Unternehmer und Autor des Bestsellers »The 4-Hour Body«, bin ich auf Robb Wolf, Biochemiker und Autor des überaus erfolgreichen Titels »The Paleo Solution«, und Dr. Loren Cordain, Professor für Gesundheitswissenschaften an der Colorado State Universität, gestoßen. Sie sind langjährige Verfechter der Paleo-Diät (Steinzeit-Ernährung).

Als ich mehr und mehr von ihren Blogbeiträgen und Büchern las, fiel es mir wie Schuppen von den Augen. So, wie ich mich heute ernähre, entspricht dies ziemlich genau den Ernährungsempfehlungen der Paleo-Diät[1]. Jetzt könnte ich mir sagen: »Schade, dass ich diese Information nicht bereits vor 20 Jahren gehabt habe – ich hätte mir den ganzen Frust und so viele Fehlversuche erspart.« Ja und nein. Ja, ich hätte mir viel Leid und Frust erspart, wäre weniger krank gewesen und hätte viel mehr leisten können, weil ich so viel mehr Zeit und Energie gehabt hätte. Nein, weil ich dann nicht all die Erfahrungen und den gesamten Research über diese Themen gemacht hätte und dieses Buch nicht schreiben könnte.

[1] S. 16

PURE FOOD

ESSEN WIE IN DER STEINZEIT

pure food ist keine Diät. Es ist ein Lebensstil.

pure food ist keine Diät! Es ist ein Lebensstil, der auf der Idee basiert, dass wir bevorzugt die Lebensmittel essen sollten, für welche unser Körper geschaffen wurde. Lebensmittel also, die schon unseren Vorfahren, den Jägern und Sammlern in der Altsteinzeit, zur Verfügung standen.

Sie lebten vor rund 20.000 bis 10.000 Jahren. In jener Zeit betrieben unsere Vorfahren keinen oder nur sehr wenig Ackerbau und keine Viehzucht. Sie waren aber sehr wohl schon gute Köche, die sich ihr Fleisch und Gemüse über dem Feuer brieten. Überhaupt machte das Feuer unsere Vorfahren überlebensfähiger, weil die Hitze Keime und Bakterien abtötete.

PALEO/PRIMAL/PURE FOOD/REAL FOOD

Vielleicht hast du schon einmal von den nachfolgenden Diäten und Lebensstilen gehört oder gelesen. Sie liefern uns das Basiswissen für »**pure food. pure training.**«. Die Paleo- und Primal-Diäten beziehen sich beide auf die Steinzeit-(Cavemen-)Diät. Die Paleo-Diät wurde durch Dr. Loren Cordain[1], Forscher und Autor von »The Paleo Diet«, und Robb Wolf[2], Biologe und Autor von »The Paleo Solution«, bekannt. Die Primal-Diät entwickelte Mark Sisson[3], früher professioneller Marathonläufer und Triathlet, heute Autor und Berater. Beide Diäten, mit wenigen kleinen Unterschieden, empfehlen die Konsumierung von Lebensmitteln, welche schon unsere Vorfahren, die Jäger und Sammler in der Altsteinzeit, gegessen haben.

Zu vermeiden sind verarbeitete neuzeitliche Produkte, welche erst im Zeitalter der Agrikultur eingeführt wurden. Die Unterschiede zwischen den beiden Diäten findest du bei den Empfehlungen zu Milch und Milchprodukten. Paleo verzichtet ganz darauf und Primal erlaubt Rohmilch und Rohmilchprodukte. Primal ist etwas großzügiger bei der Umsetzung der Empfehlungen. Mark Sisson geht nach dem 80/20-Prinzip[4] vor. Primal ist auch etwas großzügiger bei der Empfehlung von Fett.
Kurz zusammengefasst:
Paleo ist eher eine Diät, Primal mehr ein Lebensstil.
Bei den unzähligen Steinzeit-, Paleo- und Primal-Blogs in den USA werden die empfohlenen Nahrungsmittel meist mit Begriffen wie »real food«, »**pure food**« oder »whole food« bezeichnet.

WAS HABEN DIE JÄGER UND SAMMLER DAMALS GEJAGT, GESAMMELT UND GEGESSEN?

Aufgrund von Studien bei Urvölkern wissen wir, dass es wilde Tiere (Fleisch, Fisch, Meeresfrüchte, Geflügel), Eier, Früchte, Blattgemüse, Kräuter, Wurzeln, Pilze, Nüsse, Kerne, Samen, Honig und Kakaobohnen zu essen gab. Das Vorkommen dieser Nahrung variierte saisonal[5] stark und war regional[5] von großen Unterschieden geprägt.

Es gab kein verarbeitetes Getreide und keine Getreideprodukte wie Brot und Pasta und keine Milchprodukte. Auch Hülsenfrüchte waren noch weitgehend unbekannt, und industriell verarbeitete, verfeinerte und/oder künstliche Produkte existierten noch nicht einmal als Idee.
Der Mensch hat sich genetisch höchstwahrscheinlich bis heute nicht an diese neuzeitlichen Lebensmittel anpassen können. Viele unserer Zivilisationskrankheiten wie Herz- und Gefäßkrankheiten, Diabetes mellitus Typ 2, Bluthochdruck, Übergewicht und Adipositas, Gicht, Karies, manche Allergien, Darmkrebs etc. finden Ihren Ursprung im übermäßigen Konsum von Zucker und Gluten.

[1] www.thepaleodiet.com/[2] www.robbwolf.com/[3] www.marksdailyapple.com/[4] S. 28/[5] S. 52

Warum sollte ich mich nach pure food ernähren?

WEIL DU EIN ZIEL ODER GAR MEHRERE ZIELE HAST:

- gesund sein, gesund werden, gesund bleiben
- Körperfett abbauen[1]
- Muskeln aufbauen[2]
- kräftiger werden
- beweglicher werden
- ausgeglichener sein
- mehr Energie haben
- auf ein sportliches Ziel hin trainieren

[1] S. 43/[2] S. 106/
[3] S. 29/[4] S. 150

WIR LEBEN NICHT MEHR IN DER HÖHLE UND WOLLEN AUCH NICHT DORTHIN ZURÜCK!

Aber wir wollen gesund, fit und zufrieden sein. Dank unseres geschützten Zu Hauses und unserer modernen technischen Hilfsmittel ist ein gesundes Leben einfacher denn je. Wir zeigen dir, wie du schon mit wenigen Veränderungen an deinem Lebensstil signifikante positive körperliche Veränderungen erreichst, dein Wohlgefühl steigern kannst und zufriedener bist. Eine erste kleine Regel vorweg: Du darfst nicht hungern, im Gegenteil!
Du sollst mit der Zeit deine eigenen Lieblingsrezepte entwickeln. Dein Essen soll nicht nur dir schmecken, sondern allen, die du bekochen möchtest. Alles andere wäre zum Scheitern verurteilt und würde als ungesunde Diät die Gefahr des Jo-Jo-Effekts[3] in sich bergen. Daher ist es uns ein wichtiges Anliegen, dass du Spaß an der neuen Ernährungsform hast, dich an neue Kombinationen wagst, ausprobierst und dein **pure food** genießt. Wir geben dir dazu viele Grundrezepte[4], die du je nach Saison und Lust abwandeln kannst.

Essen allein macht weder krank noch gesund. Alle vier Bereiche (Ernährung, Bewegung, Erholung und soziales Umfeld) sind vernetzt und voneinander abhängig. Du kannst noch so gesund und ausgewogen essen, wenn du dauernd unter Stress stehst, wirst du Schwierigkeiten haben, Gewicht zu reduzieren oder erholsam zu schlafen. Dein Risiko, im Laufe der Zeit an einer der Zivilisationskrankheiten zu leiden, ist erhöht.
Weit verbreitet ist auch die Meinung, **pure food** oder die Paleo-Ernährung seien unausgewogen. Dieses Argument ist aber nicht haltbar. Im folgenden Beispiel kannst du eine normale durchschnittliche Tagesernährung mit einer nach dem Prinzip von **pure food** vergleichen. Du wirst sehen, dass **pure food** alle wichtigen Nährstoffe enthält und deren Werte teilweise sogar höher sind als jene einer Standardernährung.

Beispieltag Ernährung »Schweizer«:

Frühstück:	Mittagessen:
1 Tasse Milchkaffee mit Zucker 2 Vollkornbrötchen, Butter und Erdbeermarmelade 2 kl. Scheiben Käse (Emmentaler)	1 Portion Spaghetti bolognese mit Parmesan 1 Nestea Eistee
Snack:	**Abendessen:**
1 Apfel	1 Portion Salzkartoffeln 1 Regenbogenforellenfilet Grüne Bohnen 1 Milchschnitte

Beispieltag Ernährung »Paleo«:

Frühstück:	Mittagessen:
1 Tasse Grüntee Rührei aus 3 ganzen Eiern mit Schnittlauch	1 Lachsfilet, gebraten Salat aus 2 Tomaten und 1 Avocado, Limettensaftdressing und Pinienkerne
Snack:	**Abendessen:**
1 Apfel	1 Hühnerbrust an Senfsauce 1 Portion grünen Spargel

Auswertung	Ernährung »Schweizer«	Ernährung »Paleo«	Referenzwert SGE
Kalorien:	2215 kcal	2189 kcal	**m: 2400, w: 1900**
Proteine:	99.2 g	135.2 g	
Kohlenhydrate:	232.5 g	37.3 g	
Fett:	100.7 mg	144.3 mg	
Vitamin C:	81 mg	130 mg	**ETD : 100 mg**
Vitamin D:	15 µg	19.3 µg	**ETD : 20 µg**
Natrium:	2.6 g	1.38 g	**ETD : 550 mg**
Eisen:	12.3 mg	14.5 mg	**ETD : 10 mg**
Zink:	15.9 mg	17 mg	**ETD : 10 mg**
Magnesium:	456.3 mg	484.4 mg	**ETD : 350 mg**
Kalium:	2.76 g	4.4 g	**ETD : 2 g**

Wie du richtig schläfst
Tipp 1 / S. 266

OKAY, ICH PROBIERE PURE FOOD AUS.

Bitte sei dir bewusst, dass dieser Ratgeber kein Ersatz für ärztlich verordnete Medikamente ist.
Wir empfehlen dir, behutsam vorzugehen und auf deinen Körper zu hören. Am Anfang ist es gut möglich, dass du dich mit **pure food**-Lebensmitteln nicht gut fühlen könntest – das Essen wird dir schmecken, doch es kann sein, dass du dich müde fühlst. Dein Körper ist es noch nicht gewohnt, Energie aus den Fettreserven zu holen. Dein Körper ist gewohnt, dass du ihm laufend Kohlenhydrate aus Zucker und Stärke zur Verfügung stellst.
Aus persönlichen Erfahrungen wissen wir, dass es zwischen zwei Wochen und zwei Monaten dauern kann, bis sich der Stoffwechsel umgestellt hat. Sobald jedoch die Umstellung vollzogen ist, wirst du vor Energie überquellen. Du wirst am Morgen ausgeschlafen aufstehen. Du fühlst dich frisch und munter. Dein Körper wird morgens schon auf Hochtouren laufen. Auch Leistungstiefs am Nachmittag gehören bald der Vergangenheit an. Dein Stoffwechsel ist nun ein Hochleistungsmotor, der mit proteinreicher, frischer und natürlicher Kost wie geschmiert läuft. Abends wirst du müde und fällst in einen tiefen, erholsamen Schlaf.

Je nachdem, von wo aus du startest, sprich, nach was für einem Lebensstil du momentan lebst, wirst du einschneidende Veränderungen mit spektakulären Erfolgen erleben. Andere leben schon gemäß einem Lebensstil, der **pure food** nahekommt, und trotzdem können einzelne Maßnahmen, wie z. B. das Weglassen von glutenhaltigen Lebensmitteln, nochmals eine markante Verbesserung der Gesundheit und Leistungsfähigkeit bewirken.
Du entscheidest selbst, ob und wie konsequent du unsere Ratschläge umsetzen willst. Wir empfehlen dir, am Anfang 21 Tage streng dem pure food-Plan[1] zu folgen. Du wirst so direkt fühlen und spüren können, wie dein Körper auf **pure food** reagiert. Gib dir und deinem Körper diese Chance auf drei Wochen Ferien in der Steinzeit, und du wirst dich besser fühlen, tiefer schlafen, mehr Energie haben und dadurch auch automatisch zufriedener sein. Anschließend kannst du schrittweise einzelne Nahrungsmittel wieder in deinen Speiseplan einführen. So siehst du genau, welche Lebensmittel du problemlos verträgst, welche leichte Beschwerden verursachen und welche dein Körper offensichtlich schlecht verträgt.

[1] S. 37

Die Aufteilung der Makronährstoffe (Proteine / Kohlenhydrate / Fette) ist ca.:

30 %	Proteine[1] aus Fleisch, Fisch, Meeresfrüchten, Geflügel oder Eiern
30 %	Kohlenhydrate[2] aus Gemüse und Früchten
40 %	Fette[3] Avocado, Kokosnuss, Olivenöl, tierische Fette

nächste Seite PALEO-INFOGRAFIK

DAS IST PURE FOOD – DIE MODERNE STEINZEIT-ERNÄHRUNG

Natürliche, unverarbeitete Nahrungsmittel, welche vorzugsweise der Saison[4] entsprechen, regional[4] und biologisch[4] gezüchtet oder angebaut wurden, gelten als **pure food**.
Natürlich gehört zu einem guten Essen eine gute Sauce. Du kannst alle Saucen verwenden, die aus **pure food**-Zutaten hergestellt sind, aber keine weiteren Zusatzstoffe enthalten. Dazu gehören unter anderem Kokosnussmilch oder Tomatensauce. Auch Avocados eignen sich für tolle Dipsaucen. Du findest viele schmackhafte Vorschläge im Rezeptteil[5].

Genusstipp von Ray

S. 204

pure food-Waffeln
Ich liebe **pure food**-Waffeln, weil diese so lecker sind und ich diese selbst mit feinen Toppings »aufmotzen« kann. Mami und ich machen diese oft am Sonntag zum Frühstück. Meine mag ich am liebsten mit frischen Mangos und Ahornsirup (psst, Mami will das nicht hören) und dazu knusprig gebratenen Speck. Mami isst ihre Waffeln mit Kokosnussmilch und Schokoladensauce. Sieht cool aus, aber ich mag leider Kokosnuss nicht. Daddy toppt seine Waffel mit Butter, Blaubeeren, Bananen und Kokosmilch oder Ahornsirup.

[1] S. 43 / [2] S. 45 / [3] S. 48 / [4] S. 52 / [5] S. 150

PALEO-INFOGRAFIK

Fleisch

- Rind
- Kalb
- Schwein
- Lamm
- Ziege
- Kaninchen
- Schaf

Wild

- Rotwild
- Hirsch
- Wildschwein
- Wildente
- Elch

Geflügel

- Gans
- Truthahn
- Hähnchen
- Wachtel
- Ente

Fisch

- Thunfisch
- Lachs
- Forelle
- Heilbutt
- Seezunge
- Barsch
- Schellfisch
- Steinbutt
- Kabeljau
- Tilapia
- Zander
- Flunder
- Zackenbarsch
- Makrele
- Hering
- Anchovis

Schalentiere

- Hummer
- Crevetten
- Jakobsmuscheln
- Krabben
- Sandmuscheln
- Miesmuscheln
- Austern

Eier

- Hühnerei
- Gänseei
- Entenei
- Wachtelei

Gemüse

- Blumenkohl
- Brokkoli
- Sellerie
- Paprika
- Zwiebeln
- Lauch / Porree
- Frühlingszwiebeln
- Aubergine
- Rosenkohl
- Artischocken
- Spargel
- Gurke
- Weißkohl
- Okra

Blattgemüse

- Kohlblätter
- Kopfsalat
- Spinat
- Brunnenkresse
- Rübengrün
- Löwenzahn
- Mangold
- Grünkohl
- Algen
- Endiviensalat
- Rucola

Kürbis

- Butternut
- Spaghettikürbis
- Gartenkürbis
- Riesenkürbis
- Zucchini
- Yellow Summer
- Buttercup

Wurzelgemüse

- Rüben
- Karotten
- Pastinaken
- Artischocken
- Kohlrüben
- Topinambur
- Radieschen
- Süßkartoffeln
- Maniokwurzeln

Pilze

- Austernpilze
- Champignon
- Portabella
- Eierschwamm
- Steinpilze
- Shiitake
- Morchel

Früchte

- Äpfel
- Orangen
- Bananen
- Erdbeeren
- Cranberrys
- Grapefruit
- Pfirsiche
- Birnen
- Nektarinen
- Pflaumen
- Granatäpfel
- Ananas
- Weintrauben
- Papaya
- Melonen
- Kiwi
- Litschi

Nüsse & Samen

- Macadamianüsse
- Haselnüsse
- Paranüsse
- Pistazien
- Kürbiskerne
- Sesam
- Pekannüsse
- Sonnenblumenkerne
- Walnüsse
- Pinienkerne
- Maronen
- Mandeln

Fette & Öle

- Butterreinfett
- Ghee
- Olivenöl
- Avocado
- Kokosöl[1]
- Schmalz
- Talg
- Entenfett
- Kokosnuss-Fleisch[2] (frisch oder getrocknet)
- Lammfett
- Bio-Butter

Kräuter & Gewürze

- Cayennepfeffer
- Chilis
- Ingwer
- Zwiebeln
- Knoblauch
- Schwarzer Pfeffer
- Peperoni
- Sternanis
- Senfsamen
- Fenchelsamen
- Kreuzkümmel
- Kurkuma
- Zimt
- Paprika
- Muskatnuss
- Nelke
- Vanille
- Petersilie
- Thymian
- Lavendel
- Minze
- Rosmarin
- Schnittlauch
- Estragon
- Oregano
- Dill
- Lorbeerblatt
- Salbei
- Koriander

[1] S. 49/[2] S. 42

WAS HABEN DIE JÄGER UND SAMMLER IN DER STEINZEIT NICHT GEGESSEN?

S. 274
Testimonial Benno Berchtold

Körner, Getreide und alle daraus verarbeiteten Produkte, Hülsenfrüchte, Milchprodukte und ganz generell industriell verarbeitete, verfeinerte, raffinierte und künstliche Produkte.
Ich höre deine Frage – damals gab es dies nicht, aber wir wohnen nun ja auch nicht mehr in der Höhle. Wieso sollen wir auf die feinen Croissants, den Sonntagszopf oder Fruchtjoghurt verzichten? Verzicht soll es keiner sein. Du wirst es aus Überzeugung und/oder aufgrund deiner persönlichen Erfahrung beziehungsweise der direkten Resonanz deines eigenen Körpers und Verdauungssystems machen.
Es ist wichtig, dass du kritisch bist und nicht einfach einem neuen Trend folgst. Wenn du völlig gesund, topfit, schlank und zufrieden bist, wirst du tendenziell jetzt nicht dieses Buch lesen.
Wenn dies jedoch nicht der Fall ist, wenn du gerne mehr Energie hättest, Körperfett abbauen möchtest, kräftiger werden, besser schlafen, ausgeglichener und zufriedener sein möchtest, dann probier es einfach aus. Nutz diese Chance und informiere[1] dich weiter über diese Ernährungsweise.
Du kannst die Ratschläge schrittweise umsetzen oder richtig konsequent mit dem **21 Tage pure food-Plan**[2] einsteigen.

[1] S. 260/[2] S. 36

WARUM BESSER OHNE GETREIDE UND KÖRNER?

Getreide und Körner haben keinen einzigen Vorteil gegenüber Gemüsen und Früchten. Sie haben weder mehr Vitamine oder Mineralstoffe noch mehr Ballaststoffe. Im Gegenteil, sie haben einen sehr hohen Anteil an Stärke, sogenannten Speicher-Kohlenhydraten[1], sprich: Zucker[1].
Darüber hinaus enthält Getreide sogenannte Anti-Nährstoffe: Gluten, Lektine und Phytinsäure. Hierbei handelt es sich um Stoffe, die die Fähigkeit haben, sich an die Darmwände besonders des Dünndarms zu binden und diese zu beschädigen. Dadurch wird die Absorptionsfähigkeit der wertvollen Nährstoffe beeinträchtigt. Die Anti-Nährstoffe treten über diesen Weg auch in den Blutkreislauf und in andere Organe ein, bekannt unter dem Namen »Leaky-Gut-Syndrome«.

Es können Autoimmunkrankheiten auftreten. Das sind Krankheiten, bei denen sich das Immunsystem gegen körpereigene Strukturen (z. B. bestimmte Zellen oder Gewebe) richtet, wie Zöliakie, Morbus Crohn, Arthritis oder Schilddrüsenprobleme. Die Lektine, die nun durch den gesamten Körper strömen, heften sich an weitere Organe und der Körper wehrt sich entsprechend dagegen.

Unter den betroffenen Organen befindet sich auch die Bauchspeicheldrüse, die teilweise so stark zu leiden hat, dass sie ausfällt, was zu Diabetes Typ 2 führen kann.

Zöliakie, Glutenunverträglichkeit, ist eine relativ seltene Krankheit. Was jedoch unterschätzt wird, weil die Symptome unterschiedlich stark auftreten, ist die weit verbreitete Glutenintoleranz oder Glutensensivität. Es handelt sich dabei um eine nichtallergische und nichtautoimmune Erkrankung, bei der der Konsum von Gluten Symptome ähnlich jenen der Zöliakie oder Weizenallergie verursachen kann.

Getreide wird von den Menschen erst seit Beginn der Landwirtschaft vor ca. 10.000 Jahren in größeren Mengen verzehrt. Verglichen mit der menschlichen Evolution, die sich über viele Hunderttausend Jahre hinzog, reichte dieser verhältnismäßig kurze Zeitraum nicht aus, um den menschlichen Organismus optimal für den Verzehr von Getreide anzupassen. Mais und Reis sind ebenfalls Getreide mit hohem Kohlenhydratgehalt, jedoch onthalten sie nur wenige Anti-Nährstoffe und sind damit besser verträglich.

[1] S. 45

WARUM BESSER KEINE HÜLSENFRÜCHTE?

Problematisch an Hülsenfrüchten (Bohnen, Linsen, Erbsen, Sojabohnen, Erdnüsse etc.) sind ihre relativ großen Mengen an Lektinen und Phytinsäure. Erstere haben das Potenzial, den Darm zu beschädigen[1]. Die Phytinsäure sorgt dafür, dass ein Großteil der enthaltenen Mineralstoffe vom Menschen schlichtweg nicht verdaut werden kann. Dies kann zu einem großen Teil reduziert werden, wenn Hülsenfrüchte vor dem Verzehr angemessen vorbereitet werden. Traditionelle Methoden wie das Wässern, Quellen, Keimen und Fermentieren helfen, diese Anti-Nährstoffe weitgehend zu deaktivieren.
Nicht alle Hülsenfrüchte enthalten den gleichen Nährstoffgehalt. Linsen etwa haben die größte Protein- und geringste Kohlenhydratmenge. Grüne Bohnen und Erbsen sind hinsichtlich der Anti-Nährstoffe relativ unproblematisch, wohingegen am anderen Ende der Skala rohe Kidneybohnen wegen ihres hohen Lektingehaltes zu akuten, schweren Vergiftungen führen können.

JEDES BÖHNCHEN, EIN TÖNCHEN.

Gemäß Ernährungswissenschaftler Dr. David Fäh ein sicheres Zeichen, dass die Verdauung mit den Hülsenfrüchten überfordert ist. Die unangenehmen Blähungen und Winde entstehen durch die enthaltenen Mehrfachzucker, die vom Menschen nicht verdaut, sondern erst von den Bakterien im Dickdarm abgebaut und in Gas umgewandelt werden.

Bezüglich der Nährstoffe enthalten Hülsenfrüchte nichts, was wir nicht auch bei vielen anderen Gemüsesorten, Kernen und Nüssen finden. Die enthaltenen Anti-Nährstoffe, die Kohlenhydratmengen und die unangenehmen Konsequenzen sprechen eher gegen den Verzehr.

[1] S. 25

WARUM EHER AUF MILCHPRODUKTE VERZICHTEN

Milch ist für Babys gedacht. Muttermilch von Menschen für Menschenkinder. Milch von Kühen für Kälber. Beim Heranwachsen verlieren die meisten Menschen die Fähigkeit, Milchzucker (Laktose) zu verdauen. Der Körper produziert das dazu notwendige Enzym Laktase nicht mehr. Dies ist ja für das Kind auch nicht weiter schlimm, da es nun Zähne hat und sich von anderen Lebensmitteln ernähren kann. Neben der Laktoseunverträglichkeit, die besonders außerhalb Europas recht verbreitet ist, hat Kuhmilch weitere ungünstige Wirkungen. Es gibt Menschen, die keine Milchproteine vertragen. Dies kann unabhängig von einer Laktoseintoleranz oder zusätzlich sein.

Zudem enthält Milch tierische Hormone (ganz unabhängig von der Ernährung und Behandlung der Tiere), die den Aufbau von Körperfett begünstigen. Werden die Tiere mit Getreide[1] gefüttert (was in der konventionellen Tierhaltung üblich ist), gelangen unter Umständen auch Lektine in die Milch.

Sollst du jetzt ganz auf Milchprodukte verzichten? Ja, wenn Milch und Milchprodukte bei dir Beschwerden auslösen. Nein, wenn du diese Produkte gut verträgst. Wie weißt du, dass Milch bei dir keine Beschwerden verursacht? Jede/r sollte dies selbst austesten. Mindestens eine Woche konsequent alle Nahrungsmittel und generell Produkte weglassen, die Milch oder Bestandteile von Milch enthalten. Achtung, dies ist nicht so einfach, wie es klingt. Bist du dir bewusst, wo überall Milch drin ist? Milch und/oder Milchzucker sind in vielen Broten und Backwaren, Wurstwaren und abgepackten Fleischerzeugnissen, Fertiggerichten, Müsli, Süßigkeiten etc. enthalten. Du kannst es dir einfach machen und dem **pure food**-Plan folgen. Dieser enthält keine Milchprodukte.

NACH DER »MILCHPAUSE«

… trinkst du am Morgen des 8. Tages auf nüchternen Magen ein Glas Kuhmilch und ernährst dich sonst weiter nach dem Plan von **pure food**. Beobachte dich genau in den nächsten drei Tagen. Gibt es Anzeichen wie Blähungen, Durchfall, Verstopfung, Bauchschmerzen und/oder -krämpfe, Kopfschmerzen oder andere Beschwerden, dann weißt du, dass Milch der Auslöser ist …

[1] S. 25

WIE ESSE ICH PURE FOOD?

In Ruhe genießen – das beste Rezept für eine gute Verdauung und gegen Stress[1]. Bewusste Muße beim Essen kommt sowohl dem Genuss als auch der geistigen, mentalen Entspannung zugute.

Iss, bis du richtig satt bist. Gewöhn dir an, einen Teller mit einer guten Portion anzurichten und ohne Ablenkung von Medien zu essen. Falls du nach dieser Portion noch ein Hungergefühl hast, warte fünf Minuten, bevor du dir nochmals Essen nimmst. Oft verschwindet in diesen Minuten der Hunger, weil dein Sättigungsgefühl eingesetzt hat. Bis dieses Zeichen vom Magen im Hirn ankommt, dauert es ungefähr 20 Minuten.

Es gibt keinen Grund, etwas zu essen, das dir nicht schmeckt. Dein individueller guter Geschmack ist die Lust- und Leitzentrale beim Essen. Beim Essen von **pure food,** wohlgemerkt. Künstliche und industriell verarbeitete Nahrungsmittel bringen unsere kulinarische Körperintelligenz (»Uwe Knop/Hunger und Lust«) durcheinander und beeinträchtigen auch unser natürliches Sättigungsgefühl.

[1] S. 70/[2] S. 210/[3] S. 50

WANN ESSE ICH PURE FOOD?

Immer dann, wenn du Hunger hast. Es ist von Vorteil, wenn du regelmäßig drei Hauptmahlzeiten (optimal zusammengesetzt aus 30 % Proteinen, 30 % Kohlenhydraten und 40 % Fett) zu dir nimmst. Die Portionen sollten so groß sein, dass du ohne Zwischenmahlzeit auskommst. Vielleicht fühlst du dich wohler mit vier Mahlzeiten alle drei Stunden. Probier einfach aus, was besser zu dir und deinem Tagesablauf passt.

Falls der Hunger zwischen den Mahlzeiten zu groß wird, nimm ruhig einen **pure food-Snack**[2]. Ein Snack sollte immer auch Proteine enthalten, damit der Blutzuckerspiegel nicht zu stark ansteigt und dich gleich in die nächste Hungerrast treibt.

Empfehlenswert ist eine längere Esspause pro Tag. Diese Pause, auch bekannt unter dem Begriff »Intermittierendes Fasten«[3] (zeitweises Fasten), sollte idealerweise zwischen acht und 14 Stunden dauern. Praktisch am einfachsten durchgeführt werden kann sie während der Nacht.

WIE KONSEQUENT MUSS ICH SEIN

S. 276

Testimonial Sibylle Egloff

Je konsequenter du bist, desto schneller und eindrucksvoller wird die Veränderung sein. Dich ausschließlich nach den Empfehlungen von **pure food** zu ernähren, kann am Anfang eine kleine Herausforderung sein. Mit der Zeit wird vieles »normal« und du bist vertraut mit deiner neuen **pure food**-Einkaufsliste, du weißt, wo du diese Lebensmittel im Laden findest. Du weißt, was du im Restaurant oder Take-away wählen musst, damit du dich gesund ernährst. Du hast deine eigenen **pure food**-Rezepte und auf einmal ist alles normal und alltäglich – eine Gewohnheit[1].

Egal, ob du gerade das 21-Tage-Programm absolviert hast oder schon ein geübter pure food-Esser bist, es gibt Situationen, wo du aus verschiedenen Gründen das Paretoprinzip anwenden kannst und auch sollst. Das Paretoprinzip, auch 80-zu-20-Regel genannt, besagt, dass 80 % der Ergebnisse in 20 % der Gesamtzeit erreicht werden. Die verbleibenden 20 % der Ergebnisse benötigen 80 % der Gesamtzeit.

Wenn du dich nach den ersten drei Wochen bei 80 % aller Mahlzeiten an die Empfehlungen von **pure food** hältst, dann wirst du dein Ziel vielleicht etwas weniger schnell erreichen, als wenn du immer ganz konsequent bist. Vielleicht wirst du es aber überhaupt nur wegen der 80/20-Regel erreichen, weil du weniger unter Druck bist und manchmal etwas von den Empfehlungen abweichen kannst und darfst.
Die Ausnahmen sollten gut überlegt, geplant und es auch »wert« sein: Bei einer Familienfeier ein traditionelles Dessert mit Mehl und Zucker. Bei einer Einladung zum Brunch Sonntagszopf, in den Skiferien ein feines Käsefondue mit Brot usw. In einem solchen Moment genießt du mit Familie oder Freunden diese Ausnahme ohne schlechtes Gewissen.
Diese Ausnahmen sind für gesunde Menschen problemlos. Du wirst dich unter Umständen nach einem solchen Mahl körperlich nicht so wohl fühlen, doch die Geselligkeit und der Genuss waren es wert.
Nicht wert sind es die süßen Brötchen, Croissants oder nachmittags die Gummibärchen, welche die Kolleginnen und Kollegen netterweise zur Arbeit mitbringen. Auch Energiegetränke und Ähnliches lohnen sich definitiv nicht. Hier ist es von Vorteil, sein eigenes Frühstück mitzunehmen und am Nachmittag einen **pure food**-Snack im Pult oder Kühlschrank vorrätig zu haben.
Keine Ausnahmen sollten gemacht werden, wenn aufgrund einer Krankheit oder Allergie gewisse Nahrungsmittel nicht vertragen werden. Ebenfalls keine Ausnahmen gibt es während der **21 Tage pure food**-Periode.

[1] S. 67

Abnehmen mit pure food

pure food ist perfekt geeignet, um Körperfett abzubauen[1] und in Kombination mit sportlicher Betätigung Muskeln aufzubauen[2]. Gerne zeigen wir dir, wie du deinen Körper verändern und formen kannst.

DAUERHAFT ABNEHMEN FUNKTIONIERT NUR, WENN DU FOLGENDE PUNKTE BEACHTEST:

1. Bei jeder Mahlzeit Proteine essen und Kohlenhydrate stark reduzieren, damit der Körper seine Energie aus den Fettreserven generieren kann.

2. Mehr Energie verbrennen (bewegen) als aufnehmen (essen).

3. Entspannung[3] regelmäßig in den Alltag einbauen, Stress abbauen, weniger Termine vereinbaren und freie Zeit zum Erholen nutzen oder sportliche Aktivitäten einbauen.

4. Mindestens sieben Stunden pro Nacht schlafen.

Wie du richtig schläfst
Tipp 1 / S. 266

Mit anderen Worten:
Deinen Lebensstil ändern.

Was nicht funktioniert, sind kurzfristige kalorienreduzierte Diäten. Sie bewirken langfristig sogar genau das Gegenteil. Du verlierst zwar Gewicht, sprich, vor allem Muskeln und Wasser, doch die Hungerperioden bringen deinen Körper in den »Speichermodus«. Sobald du wieder wie früher isst, bunkert er noch effizienter Fett als vor der Diät. Diese Reaktion ist bekannt als der Jo-Jo-Effekt.
Mit **pure food** gibt es keinen Jo-Jo-Effekt, weil du nicht hungern musst, um Körperfett abzubauen. Und warum baust du mit **pure food** nur Körperfett ab und nicht auch Muskeln? Weil du deinem Körper ausreichend Proteine zuführst, Kohlenhydrate reduzierst und dein Stoffwechsel somit wieder effizienter arbeitet, das heißt noch mehr Energie verbrennt. In Kombination mit HIIT-Training[4] kannst du diesen Effekt nochmals verstärken und optimieren.
Sei dir jedoch bewusst, dass gerade beim Abnehmen die Ernährung ca. 80 % des Erfolges ausmacht. Ja, überleg doch, wie oft du dich pro Woche sportlich betätigst – zweimal oder dreimal? Du isst pro Tag mindestens drei Hauptmahlzeiten. Das sind pro Woche 21 Mahlzeiten, 21-mal nimmst du direkten Einfluss auf deinen Körper. Der Einfluss durch Sport auf deinen Körper ist bei den meisten signifikant kleiner. Außerdem wird oft überschätzt, wie viele Kilokalorien bei sportlicher Betätigung verbrannt werden.

[1] S. 43/[2] S. 106/[3] S. 70/[4] S. 59

Bewegung ist wichtig, um sich wohlzufühlen, um zu entspannen und den Körper zu formen. Durch intensives Training unterstützt du die Körperfettverbrennung. Abnehmen ohne Bewegung ist nicht zu empfehlen.

KICK-START

DIE 21-PURE-FOOD-TAGE SIND DAFÜR GEDACHT, UM DEN STOFFWECHSEL UND DIE REDUZIERUNG VON KÖRPERFETT EFFIZIENT IN SCHWUNG ZU BRINGEN.

Es kann sein, dass nach den 21 Tagen nicht weniger Gewicht auf der Waage angezeigt wird. Du hast vielleicht durch mehr Bewegung und Training Muskeln aufgebaut. Dann siehst du nach 21 Tagen ein erfreuliches Ergebnis bei den Umfängen und auf deinem Foto. Du wirst auch eine Veränderung bei der Fettmessung feststellen.

Bitte beachte jedoch, dass dein Körper auch mehr Zeit brauchen könnte, bis er sich verändert. Vielleicht hast du den einen oder anderen Ausrutscher gehabt in den 21 Tagen und den Stoffwechsel, welcher im Fettverbrennungsmodus aktiv war, gestoppt. Es kann einige Tage dauern, bis du dann wieder effizient Fett verbrennst. Deshalb unser guter Rat – 21 Tage konsequent.

1. Vorbereitung:

Lebensmittelvorrat daheim kontrollieren. Alle nicht-**pure food**-Produkte aufbrauchen oder verschenken. Vorrat füllen mit **pure food**-Lebensmitteln. Immer genügend Vorrat haben, damit du jederzeit eine Mahlzeit zubereiten kannst oder dich an einem gesunden **pure food**-Snack erfreuen kannst.

2. Vorbereitung:

- Auf die Waage stellen und Körpergewicht festhalten
- Umfänge an Bauch, Taille, Hüfte, Oberarmen und Oberschenkeln messen
- Foto von dir in Unterwäsche oder Bikini machen (kannst du vor einem großen Spiegel alleine machen)
- Körperfett messen, wenn du die Möglichkeit hast

BIRCHER'S MÜSLI EBNET DEN WEG ZUM PALEO-KONZEPT

Möglicherweise war der Aargauer Diätethiker und Arzt Dr. Maximilian Bircher-Benner einer der ersten Paleo-Verfechter überhaupt. Bereits zu Beginn des letzten Jahrhunderts verfolgte er mit seiner Gesundheitslehre ein ganzheitliches Prinzip.
Ebenso wie **pure food**, strebte der Diätethiker nach einer umfassenden und natürlichen Behandlung. Konkret: Das Bircher-Benner-Konzept stellt ähnlich wie das Paleo-Konzept eine vollständige Philosophie dar, die sich aus Ernährung, Entspannung, Bewegung und dem sozialen Umfeld zusammensetzt.
Wie es sich für einen Pionier gehört, probierte Bircher gerne unkonventionelle Methoden aus. So entdeckte er das Birchermüsli während einer Bergtour bei einem Senn und nutzte es alsbald für seine Patienten. Doch nicht nur das Birchermüsli und die Rohkost gehörten zu Bircher-Benners Behandlung gegen die Leiden seiner Patienten. Er verordnete ebenso Luftbäder, Gymnastik, Sonnenbäder, kaltes und warmes Duschen, Spaziergänge und Bettruhe. So heilte er durch seine zur damaligen Zeit revolutionären Methoden viele Patienten von ihren Krankheiten.

Der Zustand des Krankseins ist eine Reaktion auf begangene Fehler, so Birchers These. Aus diesem Grund war Bircher-Benners erstes und wichtigstes Ziel, diese Irrtümer im Leben seiner Patienten aufzuspüren. Und siehe da: Die meisten physischen Ursachen von Krankheiten fand er oftmals in der übermäßigen oder ungenügenden Ernährung.

Um seinen Patienten die geistige und körperliche Lebenskraft zurückzugeben, verwendete er lebensfrische Nahrung – Lebensmittel also, die noch keinerlei Veränderung durch Kochen oder Konservierungsprozesse erfahren haben. Grund dafür: Bircher war der Ansicht, dass die Sonnenenergie sich im Chlorophyll von Pflanzen durch den Vorgang der Fotosynthese speichert und für den Menschen deshalb rohe Früchte und Gemüse auch wegen ihrer Vitamine und Enzyme gesund sind. Bircher plädierte für frische und rohe Nahrungsmittel, jedoch sagte er nie, dass man sich ausschließlich von Rohkost ernähren sollte, was ihm heute immer noch viele Kritiker vorhalten.

BIRCHER WAR FRÜHER – PALEO IST HEUTE

Nach damaligem Wissensstand (wir befinden uns im Jahr 1900) sprach sich Diätethiker Bircher positiv gegenüber Getreide, Vollkorn- und Milchprodukten aus, riet vom Konsum raffinierter Nahrungsmittel wie weißem Zucker gefärbter oder denaturierter Lebensmittel ab und empfahl, nur wenig Fleisch und Fisch zu sich zu nehmen. Bei allen von Bircher-Benners verordneten Diäten verbot er den Genuss von Reizmitteln oder Stimulantien wie Alkohol, Tabak oder Kaffee. Das **pure food**-Prinzip baut zwar unter anderem auf die Ernährungsphilosophie des Schweizer Arztes, lässt aber ungefähr 112 Jahre Forschung, Innovation und Erkenntnis einfließen. Dementsprechend weicht **pure food** in der Umsetzung und der Wahl der Nahrungsmittel teilweise stark von Birchers Diätempfehlungen ab. Du brauchst dich also nicht zu wundern, wenn wir von Milch, Getreide- und Vollkornprodukten abraten. Wir nutzen einfach 112 Jahre mehr Wissen.

Falls du gerne mal eine kleine Zeitreise machen möchtest, hier das ursprüngliche Rezept des berühmten Arztes. Das Tolle: Du brauchst keine Küchenwaage. Viel Spaß beim Müslimachen!

DAS ERSTE BIRCHERMÜSLI BESTAND AUS:

- ✓ **8 Gramm (1 gestrichenen Esslöffel) Haferflocken, die 8 Stunden einweichen mussten**
- ✓ **3 Esslöffeln Wasser**
- ✓ **1 Esslöffel Zitronensaft**
- ✓ **3 Esslöffeln Joghurt (löste die ganz zu Beginn verwendete Kondensmilch ab)**
- ✓ **etwas Honig und**
- ✓ **1 großen, geriebenen Apfel.**

Wie du siehst, weichen die heutigen Varianten des berühmten Birchermüslis sehr von seiner ursprünglichen Form ab. Vor allem der hohe Zuckeranteil und die teils frittierten Cerealien darin bewirken so ziemlich das pure Gegenteil dessen, was Bircher im Sinne hatte.

Falls du dich für das Leben des Diätethikers Bircher und seine spannenden und lehrreichen Methoden interessierst, hier unser Lesetipp:

Kunz-Bircher, Ruth: Gesund mit Bircher Benner. Ratschläge, Rezepte, Behandlungsmethoden für ein natürliches Leben. Bern und Stuttgart 1978.

WENN DIE WELT FRÜHSTÜCKT, IST GEWOHNHEIT RELATIV!

Zugegeben: Wer seine Ernährung umstellen will, kämpft zuallererst gegen alte Gewohnheiten, und die beginnen nicht selten beim Frühstück. Wie relativ unsere Gewohnheiten in Wirklichkeit sind, zeigt dir unsere kleine Frühstücksweltreise.

Von Land zu Land, von Kontinent zu Kontinent unterscheidet sich die erste Mahlzeit des Tages nicht nur in dem, was auf den Tisch oder auf den Teppich kommt, sondern auch im Umfang, in der Dauer und dem Zeitpunkt.

Croissants, Toast, Frühstücksflakes, Joghurt und Obst, was in halb Europa Standard ist, wäre im hohen Norden undenkbar. Das typische »English Breakfast« ist nichts für zarte Mägen! Auf den ersten Gang mit Cornflakes und Müsli folgen Speck und Eier, gegrillte Würstchen, dazu gebratenes Gemüse, Toast und in einigen Fällen gegrillte Blutwurst oder Bohnen aus der Dose in Tomatensauce. Obwohl auch im hohen Norden, nehmen es die Schweden etwas leichter – und vor allem gesünder! Heringe in jeglicher Geschmacksrichtung, ob Zitrone, Dill, Senf oder Knoblauch, könnte man quasi als ihre Frühstücksleibspeise bezeichnen – vorausgesetzt, es gibt dazu das berühmte Knäckebrot.

S. 180
Rezeptetipp – Kimchi

Suchst du ein leichtes und abwechslungsreiches Frühstück? Wie wär's mit einer Variante aus Nahost? Kalte Joghurtsuppe mit Minze und frischem Gemüse oder heiße Suppe mit Gemüse und Linsen, Schafskäse, Fladenbrot und Karottenmarmelade: alles Zutaten für ein typisch iranisches Frühstück. Ostafrika mag's morgens früh eher kohlenhydratlastig. In Uganda hättest du die Wahl zwischen Bohnen mit Reis, Maisbrei, frittierten oder gekochten Süßkartoffeln oder Maniokspalten.
Eine der wohl deftigsten Frühstücksvarianten finden wir in Texas. Da bekommt man morgens um acht Uhr schon mal ein kleines Steak mit Bratkartoffeln, Spiegelei und gebratenen Bohnen serviert.

Falls du morgens nur Leichtes verträgst, solltest du in Spanien besser die Finger vom traditionellen Frühstück lassen. Die Südeuropäer essen Churros zum Frühstück. Das im Öl frittierte Gebäck wird gerne noch in Schokoladensauce getunkt.

Nun fragst du dich bestimmt, welches Frühstück das gesündeste ist. Dazu müssen wir nach Ostasien reisen. Die Chinesen beginnen ihren Tag gerne mit einer Reissuppe. Das ist zwar leicht und bekömmlich, aber bei Weitem noch nicht das gesündeste Frühstück. Dazu müsstest du noch weiter in den Osten reisen – nach Japan, um genau zu sein. Hier isst man morgens Fisch. Ob getrocknet, gepökelt, geräuchert oder roh, Fisch darf beim japanischen Frühstück nicht fehlen. Neben Fisch werden warme Misosuppe mit Tofu und Algen sowie Kimchi, fermentiertes Gemüse, serviert. Kimchi ist besonders reich an Vitaminen und soll sich äußerst positiv auf die Darmflora auswirken.

Du siehst: Gewohnheiten sind relativ. Sei mutig und probier auch mal neue Dinge aus! Fang mit dem Frühstück an – ein gesunder Start in den Tag weckt dann den echten »Tiger in dir«, ohne dass du »morgens um halb zehn« bereits das nächste kleine Frühstück brauchst.
Übrigens könntest du ebenso gut eine »Frühstückszeitreise« machen. In der Schweiz gab es im 19. Jahrhundert nicht selten Rösti mit Käse oder Speck zum Frühstück.

www.diefruehstuecker.de/category/spezial/fruhstuck-weltweit/
www.wie-fruehstueckt-die-welt.de/weltweit.html

Nahrungsmittel-Intoleranzen erkennen

Die **21 pure food-Tage**[1] können auch Ausgangspunkt für die Erkennung von Nahrungsmittel-Intoleranzen sein. Wenn du dich 21 Tage an die Empfehlungen konsequent hältst und anschließend ein Nahrungsmittel, welches nicht auf der Liste ist, wieder isst, kannst du die Reaktion deines Körpers auf dieses Nahrungsmittel beobachten.

Nehmen wir das Beispiel Milch / Milchprodukte. Trink am 22. Tag morgens ein Glas Milch auf nüchternen Magen und iss ca. eine Stunde später Frühstück gemäß dem 21 Tage pure food-Plan. Iss auch Mittagessen und Abendessen weiter gemäß dem Plan und ebenfalls während der nächsten zwei Tage. Also weiterhin keine Milch und andere Milchprodukte außer dieses eine Glas Milch. Hast du keine Reaktion, verträgst du Milchprodukte (zumindest in dieser Menge). Falls du Bauchschmerzen, Krämpfe, Durchfall, Verstopfung, Kopfschmerzen, Hautausschläge etc. bekommst, lässt du Milch weiterhin weg von deinem Speiseplan.

Nach drei Tagen kannst du ein weiteres Lebensmittel testen. Zum Beispiel Bohnen oder ein glutenhaltiges Nahrungsmittel (Weizen, Roggen etc.). Ebenso vorgehen wie bei dem Beispiel mit Milch. Durch die Wiedereinführung einzelner Lebensmittel kannst du erkennen, worauf du sensibel reagierst.

21 Tage pure food-Plan

Es gibt keine Mengenbeschränkung bei den **pure food**-Nahrungsmitteln in der folgenden Tabelle (außer bei Kaffee, Kakao und Nüssen).
Bei jeder Hauptmahlzeit sollten mindestens 300 g Gemüse und 100–150 g Fleisch / Fisch (mind. 20 g reines Protein) gegessen werden. Ein Snack sollte immer Proteine enthalten (Frucht alleine ist nicht ideal).

Nur die explizit aufgeführten Nahrungsmittel essen. Alles andere kann nach den 21 Tagen einzeln wieder eingeführt werden.

Keine verarbeiteten Produkte, die Zuckerarten (natürlich oder künstlich) und künstliche Stoffe enthalten konsumieren. Dies ist besonders bei allen abgepackten Lebensmitteln (z. B. Fleisch / Geflügel) zu beachten (Zuckerarten[2]). Saucen machst du dir ebenfalls aus den erlaubten Lebensmitteln. In der Tabelle sind weniger Lebensmittel aufgeführt als in der Paleo-Infografik[3], weil du mit den besonders gut verträglichen Lebensmitteln anfangen solltest. So belastest du deine Verdauung nicht unnötig.

[1] S. 37 / [2] S. 45 / [3] S. 22

Gemüse

Brokkoli		Frisch oder tiefgefroren
Zucchini		Frisch
Blumenkohl		Frisch oder tiefgefroren
Aubergine		Frisch
Paprika		Frisch, nur biologisch, wenn nicht biologisch unbedingt schälen
Spargel		Frisch, in Dose nur, wenn keine Zusatzstoffe
Spinat		Frisch, tiefgefroren, nur biologisch angebaut
Blattsalat		Frisch
Tomaten		Frisch oder Dose (Zutaten in Dose nur Tomaten!)
Kürbis		Frisch
Rote Bete		Frisch oder gekocht, aus der Dose
Sellerie		Frisch
Karotten		Frisch
Salatgurke		Frisch, mit Schale nur, wenn biologisch angebaut
Pilze		Frisch

Geflügel

Hähnchen	Alle essbaren Stücke	Frisch oder tiefgefroren ohne Marinade, gepökelt ohne Zuckerzusatz
Truthahn	Alle essbaren Stücke	Frisch oder tiefgefroren ohne Marinade, gepökelt ohne Zuckerzusatz

Fleisch

Rind	Alle essbaren Stücke	Frisch, tiefgefroren, getrocknet ohne Marinade, gepökelt ohne Zuckerzusatz
Kalb	Alle essbaren Stücke	Frisch, tiefgefroren, getrocknet ohne Marinade, gepökelt ohne Zuckerzusatz
Lamm	Alle essbaren Stücke	Frisch, tiefgefroren, getrocknet ohne Marinade, gepökelt ohne Zuckerzusatz
Schwein	Alle essbaren Stücke	Frisch, tiefgefroren, getrocknet ohne Marinade, gepökelt ohne Zuckerzusatz

Eier

Huhn	Alle essbaren Stücke	Wenn möglich von biologisch gehaltenen Hühnern, frisch oder gekocht
Ente	Alle essbaren Stücke	Wenn möglich von biologisch gehaltenen Enten, frisch oder gekocht

Fisch

Lachs	Filet	Frisch, tiefgefroren, geräuchert ohne Marinade oder Zuckerzusatz
Thunfisch	Filet	Frisch, tiefgefroren, in Konserve in Wasser oder Olivenöl eingelegt
Dorsch	Filet	Frisch, tiefgefroren, ohne Panade
Süßwasserfische (z. B. Felchen, Egli, Zander, Forellen)		Frisch, tiefgefroren, geräuchert ohne Marinade oder Zuckerzusatz, nicht paniert
Crevetten	Essbarer Anteil	Frisch, tiefgefroren, ohne Marinade oder Zuckerzusatz

Wild

Hirsch	Alle essbaren Stücke	Frisch, tiefgefroren, getrocknet ohne Marinade, gepökelt ohne Zuckerzusatz
Reh	Alle essbaren Stücke	Frisch, tiefgefroren, getrocknet ohne Marinade, gepökelt ohne Zuckerzusatz
Wildschwein	Alle essbaren Stücke	Frisch, tiefgefroren, getrocknet ohne Marinade, gepökelt ohne Zuckerzusatz

Früchte

Heidelbeeren		Wenn möglich biologisch angebaut, frisch oder tiefgefroren
Erdbeeren		Wenn möglich biologisch angebaut, frisch
Himbeeren		Wenn möglich biologisch angebaut, frisch oder tiefgefroren
Papaya		Frisch
Aprikose		Wenn möglich biologisch angebaut, frisch oder tiefgefroren
Zitrone	Saft und Schale	Schale nur verwenden, wenn biologisch angebaut

Fett

Avocado		Frisch
Oliven	Öl, eingelegte Oliven in Salzlake	
Kokosnuss	Fruchtfleisch, Fett, Kokosmilch, Mehl, Flocken, Chips, Raspel	Frisch oder getrocknet, ohne Zusatz von Zucker oder Zusatzstoffen
Buttereinfett / Butterschmalz / Ghee	**Info:** Ghee ist geklärte (eingesottene oder geläuterte) Butter. Durch Erwärmen werden Wasser, Milcheiweiß und Milchzucker aus der Butter ausgeschieden. Übrig bleibt ein haltbares Fett, welches hoch erhitzt werden kann und nicht ranzig wird.	

Nüsse

Walnuss	Roh, gemahlen	Max. eine Handvoll pro Tag
Macadamia	Roh, gemahlen	Max. eine Handvoll pro Tag
Haselnuss	Roh, gemahlen	Max. eine Handvoll pro Tag
Mandel	Roh, gemahlen, Milch	Max. eine Handvoll pro Tag
Kastanie	Roh, Mehl	Max. 30 g pro Tag

Samen / Kerne

Sesam		Ganz, geröstet, Mus (Tahin)
Leinsamen		Geschrotet
Kürbiskerne		Ganze Kerne, frisch, geröstet, Mus
Sonnenblumenkerne	Ganze Kerne, geröstet, Mus. Im Gegensatz zu den Kernen und Samen sind ihre Öle industriell verarbeitet und werden schnell ranzig.	

Getränke

Wasser		
Kräutertee		Kein Früchtetee
Ingwertee		Aus frischem Ingwer oder Beutel ohne Zuckerzusatz
Kaffee	Schwarz, Espresso	Max. 2 Portionen pro Tag

Kräuter / Gewürze

Alle Kräuter		Frisch, getrocknet, gemahlen
Salz	Meersalz oder Himalyasalz	Kein jodiertes Salz
Pfeffer		Gemahlen
Paprika		Getrocknet, gemahlen
Ingwer		Frisch, getrocknet und gemahlen
Curry		Bio-Mischung ohne künstliche Zusätze und Zucker
Chili	Harissa, Sambal Oelek	Frisch, getrocknet, gemahlen, Pasten ohne Zusätze von Zucker etc.

Diverses

Kakao	Pulver, Schokolade mind. 75 % Kakaogehalt	1–2 Stückchen zum Kaffee oder 1 gestrichenen Esslöffel in Mandelmilch oder über Früchte streuen

PROTEINE

Die Eiweißstoffe (Proteine) bilden neben den Kohlenhydraten und den Fetten den Hauptbestandteil der menschlichen Nahrung. Während die Fette in der Kost zeitweilig fehlen können, benötigt der Körper eine ständige Zufuhr von Eiweiß (Proteine). Der menschliche Körper besteht zu 15 bis 20 % aus Eiweiß, das einem ständigen Auf- und Abbau unterliegt. Eiweiß enthält im Gegensatz zu Fetten und Kohlenhydraten Stickstoff und Schwefel, die für den Körper essenzielle Elemente darstellen. Da die mit der Nahrung aufgenommenen Eiweiße eine andere Aminosäurenkombination haben als die Eiweiße im menschlichen Körper, werden die Eiweiße im Darm durch Enzyme in ihre Bestandteile (Aminosäuren) zerlegt. Nach dem Passieren der Darmwand werden sie im Körper wieder entsprechend der Anforderung des Körpers neu zusammengesetzt.
Lebenswichtig ist nicht das Eiweiß selbst, sondern seine Bausteine, die Aminosäuren. Bei der Eiweißaufnahme kommt es daher nicht nur auf die Menge, sondern auch auf die Art bzw. Zusammensetzung (biologische Wertigkeit) der Eiweiße an. Jedes Nahrungseiweiß ist aus verschiedenen Bausteinen, den Aminosäuren, zusammengesetzt. Auch die Menge der einzelnen Proteine variiert. Je näher das Aminosäuren-Muster des Nahrungsproteins dem des Körpers kommt, desto weniger muss davon verzehrt werden und umso höher ist seine biologische Wertigkeit.

Ein Hühnerei (Eigelb und Eiweiß) hat beispielsweise die Wertigkeit von 100. Dies ist die Referenzgröße. Rindfleisch und Thunfisch haben die Wertigkeit 92, reines Molkenprotein hat 104–110 und wird in den meisten Proteinshakes verwendet. Aus den aufgenommenen Eiweißen baut der Körper unterschiedlich viel Eiweiß auf. Die Produktionsmenge ist abhängig von:

- **der biologischen Wertigkeit des Eiweißes: Generell ist tierisches Eiweiß wertvoller als pflanzliches Eiweiß, da das Eiweiß aus tierischen Quellen dem körpereigenen Eiweiß von seiner Aminosäuren-Zusammensetzung her ähnlicher ist.**
- **dem Gehalt an essenziellen Aminosäuren.**
- **deren Verwertbarkeit im Organismus.**

Wie bereits erwähnt, zerlegt der Organismus die Eiweiße in ihre Bestandteile, um später aus diesen verschiedenen Teilen die benötigten Eiweiße zu bauen. Wie bei einem Bausatz können die einzelnen Eiweiße nur produziert werden, wenn alle Teile in den benötigten Mengen vorhanden sind. Aus diesem Grund müssen die Aminosäuren, die der Körper nicht selbst herstellen kann, in bedarfsdeckenden Mengen zugeführt werden. Eine oder mehrere knappe Aminosäuren begrenzen die Verwendung der übrigen Aminosäuren zur Synthese von Proteinen, welche die limitierenden Aminosäuren benötigen.

Trotz guter Kombination und genügender Zufuhr kann es sein, dass die Proteine nicht gut aufgenommen werden. Durch eine falsche Ernährung können Vitalstoffe fehlen oder der Körper ist nicht mehr in der Lage, genügend Magensaft oder eiweißspaltende Enzyme zu produzieren. **Um Eiweiße besser zu resorbieren, sollte man sie mit viel Gemüse oder Obst kombinieren.** Die im Obst und Gemüse enthaltenen sekundären Pflanzenstoffe, wie zum Beispiel die Enzyme, wirken wie Türöffner für die Proteine.

Noch ein guter Grund, um regelmäßig Proteine in den Speiseplan einzubauen, ist, dass Eiweiß sehr gut sättigt und den Blutzuckerspiegel nur wenig beeinflusst. Das heißt, dass du nach einer Mahlzeit mit einer Eiweißportion nicht in eine Hungerrast gerätst.

Körperfett abbauen ist besser als Körpergewicht reduzieren. Es gibt einige Gründe, die dafür sprechen, dass der Nährstoff »Eiweiß« Abnehmenden sehr gut ins Konzept passt. Genau genommen nähren Eiweiße nicht hauptsächlich, sondern bauen auf: zum Beispiel Muskeln, Bindegewebe und Enzyme. Deshalb kann der Körper Eiweiße nur schlecht für die Energiegewinnung nutzen und nur über viele Umwege in Zucker oder Fette umwandeln. Im Gegensatz zu Letzteren können Eiweiße kaum gespeichert werden. Anders als bei Zucker und Fett kann der Stoffwechsel Eiweiße nicht vollständig abbauen. Ein Teil der darin enthaltenen Kalorien geht mit dem Urin verloren. Selbst von den Kalorien, die der Körper verbrennen kann, bleiben einige auf der Strecke: Mindestens 15 % der Kalorien verpuffen in Form von Wärme und damit wesentlich mehr als bei Zucker oder Fett. Dadurch können Eiweiße gewisse Eigenschaften körperlicher Aktivität »simulieren«.

Auch Hormone werden aus Eiweißen gebildet. Und es gibt einige Hormone, die den Fettstoffwechsel steuern. Der größte Fettverbrenner ist das in der Nacht aktive Wachstumshormon. Es lässt die Muskeln wachsen, das Fett schmelzen und die Haut straff werden.
Der wichtigste Grund aber, warum du für eine schlanke Linie auf eine ausreichende Eiweißzufuhr achten solltest, ist eigentlich ganz einfach. Führst du deinem Körper genügend Proteine zu, so kann er mehr Muskelmasse aufbauen. Mehr Muskeln als Fett lassen den Körper einerseits schlanker aussehen und andererseits verbrauchen die Muskelzellen auch im Ruhezustand mehr Energie als die Fettzellen. Doch nur vom Eiweiß alleine wachsen keine Muskeln. Ein bisschen Sport musst du schon treiben. Denn eine Gewichtsreduktion ohne Sport ist unmöglich! Es muss kein Hochleistungssport sein, aber für regelmäßige und mäßige Bewegung solltest du dir jeden Tag Zeit nehmen. Und all die positiven Wirkungen von Eiweiß auf die Fettverbrennung werden durch das tägliche Training verstärkt!

Quellen:

Die kleine Abnehmfibel von Dr. med. David Fäh
Michelle Mullis, Ernährungsberaterin WSZ
www.vitabene.ch

KOHLENHYDRATE

Kohlenhydrate oder Saccharide, zu denen vor allem die Zucker und die Stärken gehören, bilden eine biologisch und chemisch bedeutsame Stoffklasse. Kohlenhydrate gelten nicht als essenziell, da der Körper sie in der Gluconeogenese unter Energieaufwand aus anderen Nahrungsbestandteilen wie Proteinen und Glycerin selbst herstellen kann. Da insbesondere das Gehirn hochgradig von Glucose als Energieträger abhängig ist und keine Fette verwerten kann, muss der Blutzuckerspiegel in engen Grenzen gehalten werden. Dessen Regulation erfolgt durch das Zusammenspiel von Insulin und Glucagon. Bei Kohlenhydratmangel wird das Gehirn durch Ketonkörper versorgt.

Eine Langzeitstudie an Kindern und jungen Erwachsenen mit der sehr kohlenhydratreduzierten ketogenen Diät zeigte gesundheitliche Unbedenklichkeit. Eine eigenständige Erkrankung des Menschen durch das Fehlen von Kohlenhydraten ist unbekannt. Wenn die Versorgung der Gewebe mit Kohlenhydraten größer ist als ihr Verbrauch, wird der Überschuss in Fett umgewandelt und als Depotfett gespeichert.

Es gibt Kohlenhydrate, die wir in unserer Ernährung besser möglichst vermeiden. Diese sind Zucker und Stärke. Das sind auch diejenigen Kohlenhydrate, die unsere Fettpolster bei übermäßigem Genuss und/oder zu wenig Bewegung anwachsen lassen.

Sich kaum überessen oder Fett ansetzen kann man mit den Kohlenhydraten (Ballaststoffen) aus Gemüse. Ballaststoffe sind weitgehend unverdauliche Nahrungsbestandteile.

Sie füllen den Magen und sorgen für ein angenehmes Sättigungsgefühl. Hungersignale entstehen im Gehirn erst bei sinkendem Blutzuckerspiegel. Aus ballaststoffreicher Nahrung werden die Kohlenhydrate im Darm langsamer aufgenommen, dadurch kommt es zu einem geringeren Blutzuckeranstieg nach dem Essen.

Im Darm sorgen Ballaststoffe durch weitere Wasserbindung für eine Zunahme der Stuhlmenge, die auf die Darmwände Druck ausübt und dadurch die Verdauungstätigkeit (Peristaltik) anregt, was die Verwelldauer ballaststoffreicher Kost im Darm verkürzt.

Wie Zucker den Appetit anregt

Zucker –
die bösen Kohlenhydrate

Ist Zucker so gefährlich wie Alkohol oder Nikotin? Robert Lustig, 55, ist Professor für klinische Pädiatrie an der University of California in San Francisco, Experte für Hormonstörungen und Übergewicht bei Kindern. Gemäß seinen Studien und Erfahrungen sei die bittere Wahrheit nämlich, dass Zucker ein Gift sei, eine Droge, die wie Alkohol die Leber schädige und den Stoffwechsel aus dem Gleichgewicht bringe. Und dass nicht etwa plötzliche Fresslust und Trägheit der Grund für die in beängstigendem Tempo dick und krank werdende Menschheit ist, sondern der Zucker. **Der Zuckerkonsum hat sich weltweit innerhalb von 50 Jahren verdreifacht.** Parallel dazu verbreiten sich die Zivilisationskrankheiten wie Fettleibigkeit, Diabetes und Herz-Kreislauf-Störungen. Zucker ist heute nicht nur in Süßspeisen und Süßgetränken enthalten – nein, auch in unzähligen Produkten, wo man diesen überhaupt nicht erwarten würde, wie Wurst, abgepackte Hähnchenbrust, marinierte Fleischstücke, Brot, Frühstücksflocken, Saucen u.v.m.

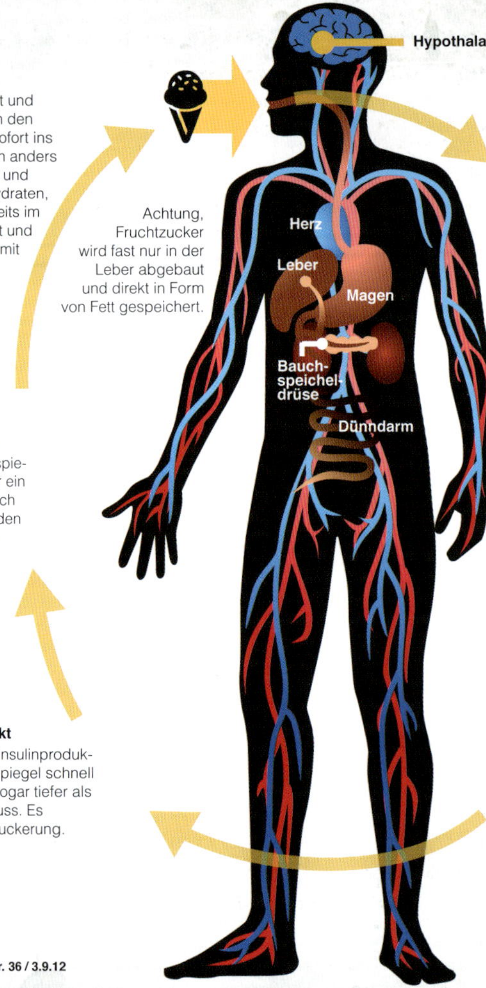

1 Zucker essen
Zucker gelangt direkt und ohne Umwandlung in den Darm und von dort sofort ins Blut. Dies verhält sich anders bei Proteinen, Fetten und komplexen Kohlenhydraten, welche teilweise bereits im Magen umgewandelt und verdaut werden und mit Verzögerung in den Darm und das Blut gelangen.

Achtung, Fruchtzucker wird fast nur in der Leber abgebaut und direkt in Form von Fett gespeichert.

2 Blutzucker steigt an
Der Blutzuckerspiegel geht nach dem Genuss von zuckerhaltigen Nahrungsmitteln rasant in die Höhe.

3 Insulin wird ausgeschüttet
Die Insulinproduktion in der Bauchspeicheldrüse startet. Mit Hilfe des Insulins gelangt dann der Zucker aus dem Blut in die Muskelzellen.

4 Blutzucker sinkt
Durch die intensive Insulinproduktion fällt der Zuckerspiegel schnell wieder ab und fällt sogar tiefer als vor dem Zuckergenuss. Es entsteht eine Unterzuckerung.

5 Der Hunger kommt wieder
Der tiefe Blutzuckerspiegel löst sofort wieder ein Hugergefühl aus, auch wenn der Zucker in den Muskeln noch nicht verbraucht ist.

Quelle: Der Spiegel / Nr. 36 / 3.9.12

Gemäß Lustig gibt es weltweit bereits 30 % mehr übergewichtige als unterernährte Menschen.

Wie konnte es dazu kommen? Was hat die verheerende Epidemie ausgelöst? Die Nahrungsmittelindustrie macht Milliardengewinne auf Kosten von Menschen, die sich dessen nicht bewusst sind. Menschen, die den Versprechen der Werbung Glauben schenken und die vermeintlich gesunden Müslis, Fruchtjoghurts etc. kaufen und essen.
Doch trickreiche Verkaufsstrategien allein können kaum erklären, warum so viele Menschen beim Essen das gesunde Maß verlieren. Es liegt auch daran, was sie essen. Bei Äpfeln, mögen diese noch so verlockend angepriesen werden, droht kaum eine Fressattacke. Bei Gummibärchen schon. Warum verlieren Menschen so leicht die Kontrolle, sobald Zucker ins Spiel kommt? Der Forscher Anthony Sclafani, Professor der Psychologie am Brooklyn College in New York, hat dafür eine Erklärung: Zucker erzeugt im Gehirn die gleichen Aktivitätsmuster wie süchtig machende Drogen. Hinzu kommt eine tückische Eigenheit des Zuckers: Er macht Appetit auf mehr. Anders als Fette, Eiweiße oder komplexe Kohlenhydrate, die im Darm zunächst aufgespalten oder umgewandelt werden müssen, gelangt Zucker auf direktem Weg ins Blut. So schnellt der Blutzuckerspiegel in die Höhe und fällt, reguliert durch das Hormon Insulin, auch schnell wieder ab – worauf der Hunger zurückkehrt. Wer Zucker isst, neigt deshalb dazu, mehr zu essen (Grafik links). So gesehen ist es aus der Sicht der Lebensmittelhersteller nur schlau, den süßen Stoff in möglichst viele Produkte zu mischen.

Eine Art innere Stoppschranke, die uns vor einer Überdosis Zucker schützt, war aus evolutionsbiologischer Sicht nie nötig: »Süße ist in der Natur ein Signal dafür, dass etwas kalorienreich und nicht giftig ist«, erklärt Sclafani. Vor 10.000 Jahren war süße kalorienreiche Kost ein seltenes Geschenk, das ausgekostet werden musste. Wenn unsere Urahnen irgendwo süße Früchte entdeckten, war es für sie durchaus sinnvoll, sich daran zu überessen. Sie wussten ja nicht, wann sie das nächste Mal so etwas finden würden. Daraus folgt: Der Mensch ist darauf programmiert, sich mit Süßem den Bauch vollzuschlagen.
Eine verminderte Sensibilität von Körperzellen auf das Hormon Insulin führt zu Diabetes 2 (Insulinresistenz), einer häufigen Folge schweren Übergewichtes, erklärt Dr. Lustig. Die Frage lautet: Wodurch wird sie ausgelöst? Eine Reihe von Studien deutet darauf hin, dass eine Ursache die Ansammlung von Fett in der Leber ist. Anders als Glukose wird Fruktose fast nur in der Leber abgebaut – und als Folge davon sammelt sich dort Fett.
Der an der Harvard Medical School von Boston arbeitende Krebsforscher Lewis Cantley sieht aufgrund diverser Studien sogar einen Zusammenhang zwischen Übergewicht und bestimmten Krebsarten. Ein hoher Insulinspiegel, ausgelöst durch Insulinresistenz und Diabetes Typ 2, könne das Wachstum von Tumoren fördern. »Am besten schützt man sich vor Insulinresistenz, indem man den Fettgehalt in der Leber tief hält«, rät der Forscher. Das kann man tun, indem man möglichst wenig Zucker zu sich nimmt.

ALKOHOL

Steter Tropfen höhlt den Stein, respektive die Leber. Sobald Alkohol in unseren Körper strömt, ändert unser Entgiftungsorgan Nummer eins umgehend seinen Stoffwechsel: Der Abbau des Giftes Alkohol hat höchste Priorität; Fettleber und Zirrhose sind die bekanntesten Folgen langfristigen Dauerkonsums. Außerdem fördert Alkoholkonsum den Muskelabbau und Fettaufbau. Wenn du trinkst, dann lass dich bitte auch nicht vom Kaloriengehalt beeinflussen: »Bier und Wein sind nicht nur flüssige Kalorienbomben, Alkohol regt auch den Appetit an.« (Uwe Knop/Hunger und Lust)

FETTE & ÖLE

Fette und Öle gehören zu den Grundnährstoffen des Menschen. Sie werden im menschlichen Körper unter anderem benötigt als:

- Energielieferanten (sogenannte Reservestoffe)
- Isolatoren gegen Kälte
- Lösungsmittel für nur fettlösliche Stoffe wie einige Vitamine
- Schutzpolster für innere Organe und das Nervensystem
- Bestandteil der Zellmembranen

Essbar, aber nicht gesund. Durch die industrielle Verarbeitung entstehen aus mehrfach ungesättigten Fettsäuren ungesunde Transfettsäuren. Ein sehr instabiles Fett, welches zu schneller Oxidation neigt und ranzig wird.

Welches Fett soll ich nun verwenden? Für den Körper am einfachsten zu verwerten sind gesättigte Fettsäuren, welche hauptsächlich in Tierprodukten und Kokosnüssen enthalten sind. Wichtig ist bei Fett aus tierischen Produkten, dass die Tierhaltung artgerecht erfolgt ist. Das heißt, dass die Kühe, Rinder etc. auf der Weide Gras fressen konnten und nicht mit Getreide gestopft wurden.
Der Körper braucht kleine Mengen mehrfach ungesättigter Fettsäuren, Omega 6 (in Pflanzenölen, Nüssen) und Omega 3 (in Fisch und auch in Fleisch und Eiern von Tieren aus Weidehaltung). Bei diesen beiden Fettsäuren ist nicht die absolute Menge ausschlaggebend, sondern das Verhältnis. Optimal wäre ein Verhältnis Omega 6 zu Omega 3 von 2:1. In der westlichen Ernährung ist dieses Verhältnis mit 20:1 stark verzerrt, weil sehr viele Fertigprodukte mit Pflanzenfetten zubereitet werden.
Mittelkettige Fettsäuren, eine besondere Gruppe der gesättigten Fettsäuren, haben eine sehr positive Wirkung auf das Verdauungssystem.

Sie wirken förderlich auf den Stoffwechsel, helfen beim Abnehmen und wirken teilweise antibakteriell. Diese Fettsäuren sind vornehmlich in Kokosprodukten enthalten.
In Maßen unbedenklich ist hochwertiges Olivenöl, da hier die Oxidation kein Problem darstellt, ebenso gilt dies für Avocados. Diese Produkte enthalten gesunde einfach ungesättigte Fettsäuren.
Vom oft empfohlenen Leinsamenöl (hoher Anteil an Omega 3) kann unser Körper lediglich 5 % verwerten. Gesundheitsschädlich sind Pflanzenfette wie Distelöl, Rapsöl, Maisöl, Sojaöl und Sonnenblumenöl. Diese enthalten große Mengen mehrfach ungesättigter Fettsäuren und Omega 6. Sie werden schnell ranzig und verzerren das Omega-6-Omega-3-Verhältnis.
www.urgeschmack.de/fett-eine-zusammenfassung/

KOKOSÖL IST UNSER FAVORIT

Kokosöl besteht zu einem Großteil aus kurz- und mittelkettigen gesättigten Fettsäuren. Sie haben eine gänzlich andere Wirkung als die langkettigen ungesättigten Fettsäuren, aus denen die meisten anderen Öle bestehen. Sie liefern schnelle und leicht verfügbare Energie, ähnlich den Kohlenhydraten, ohne dabei den Blutzuckerspiegel in die Höhe zu treiben.
Unser Körper kann aus den mittelkettigen Fettsäuren des Kokosöls Ketone bauen.

Ketone sind quasi der Ersatzstoff für Kohlenhydrate und Energie aus den Muskeln. Oder anders: Wenn wir aufgrund einer Diät auf Kohlenhydrate verzichten, greift der Körper auf Muskelmasse zurück, sofern wir diese nicht beanspruchen. Wenn jedoch Ketone zur Verfügung stehen, greift der Körper statt auf Muskelmasse auf diese Ketone zurück. Mittelkettige Fettsäuren werden nicht wie die langkettigen in Fettdepots gespeichert, sondern gelangen dank ihrer Struktur in den Körper und können dort unsere Zellen direkt mit Energie versorgen. Dazu brauchen sie auch kein Insulin.

Kokosöl kann sogar Bakterien, Viren, Pilze und Parasiten abtöten. Dieselbe Wirkung findet sich auch in der Muttermilch. Die mittelkettigen gesättigten Fettsäuren dringen viel leichter durch die Zellwände der Schädlinge und weichen diese auf, sodass unser Immunsystem die Schädlinge viel leichter vernichten kann. **Es gäbe noch viele weitere positive Eigenschaften, die aber ein ganzes Buch füllen würden.**
Wer noch mehr zu dem Thema lesen möchte, findet in **Peter Königs »Kokosbuch«** alles, was man rund um das Thema wissen möchte. Im Gegensatz zu vielen pseudo-wissenschaftlichen Artikeln finden sich bei ihm alle verwendeten Studien und Quellen in einem Register am Schluss.

Leider ist die Botschaft beim Einzelhandel noch nicht angekommen. Daher findet man in der Schweiz weder bei Coop noch bei Migros Kokosöl. Die Schweizer Migros führt in ihrem Sortiment lediglich **gehärtetes Kokosfett. Davon lässt man aber bitte die Finger!** In den Reformhäusern und Bioläden ist das Kokosöl erhältlich.
Auch Onlineshops führen viele verschiedene Kokosprodukte, darunter auch Kokosöl. Man sollte dabei, wie bei allen pflanzlichen Ölen, auf die Verarbeitungsweise achten. Die Angaben »native« und »kalt gepresst« deuten schon einmal auf eine gute Qualität hin. Aber auch der Shop, der dahintersteckt, sollte vertrauenswürdig wirken. Wer Erfahrung mit Onlineshops hat, kann sich bei der Beurteilung meist auf sein Bauchgefühl verlassen.

Hinweis

Kokosöl ist bis zu Temperaturen von 25 °C eine feste streichfähige Masse. Bei höheren Temperaturen wird es flüssig. Im Kühlschrank aufbewahrt wird es härter und du brauchst ein Messer, um ein Stück abzuschneiden.

INTERMITTIERENDES FASTEN

Bekannt ist das intermittierende oder zeitweise Fasten aus dem Ramadan. Die Nahrungsaufnahme während des Ramadans ist dabei auf die Nachtstunden beschränkt. Aus Blutproben konnte eine Zunahme der HDL- (gutes Cholesterol) und eine Abnahme der LDL-Werte über den Verlauf des Ramadans gemessen werden.
Aus Versuchen mit Mäusen konnte man mit zeitweisem Fasten einen lebensverlängernden Effekt feststellen. Die genauen Ursachen sind jedoch noch unklar.
Zeitweises Fasten gibt dem Körper jedoch die Chance »aufzuräumen«, die Verdauung kann eine Pause einlegen, der Körper kann sich auf die Regeneration konzentrieren und die Kohlenhydratspeicher werden abgebaut. Dies ist speziell für den Abbau von Körperfett[1] interessant.

[1] S. 43

TIPPS IM RESTAURANT:

- Restaurant clever auswählen
- Vorher überlegen, was ich in diesem Restaurant essen kann/könnte
- Menü im Internet anschauen
- Buffet – clever auswählen, nicht verleiten lassen oder entscheiden, dass Ausnahme okay ist
- Menü ohne Stärkebeilage bestellen (Nudeln, Kartoffeln, Reis etc.)

Beim Japaner:

- Sashimi mit Gurken- und/oder Algensalat bestellen
- Sich trauen zu fragen, wie Speisen gekocht sind (paniert, in Rahmsauce etc.)
- Salat ohne Sauce bestellen, Olivenöl und Essig verlangen und selbst Sauce machen
- Zusätzliche Beilage verlangen, wie z. B. Spinat, gedämpftes Tagesgemüse etc. da oft die Gemüseportionen zu klein[1] sind)
- Sich daran gewöhnen, dass man »Sonderwünsche« hat
- Mit der Zeit wird es zur Gewohnheit[2] und normal
- Bald wird es auch viel einfacher, auf Fragen von Tischgenossinnen und -genossen zu antworten

[1] S. 28/[2] S. 67

PURE FAST FOOD

Manchmal geht es nicht anders und du wirst deine Mahlzeit in einem Fast-Food-Lokal essen müssen oder an einem Take-away fertig gekocht kaufen. Hier ist es schwieriger, Extrawünsche anzubringen. Es gibt jedoch ein paar Tipps, wie du gesündere Optionen wählen kannst:

- **Kebab:** in der Box oder auf dem Teller bestellen ohne Fladenbrot/Pommes frites, ohne Cocktailsauce, dafür mit scharfer Chilisauce
- **McDonalds:** Premium Hähnchenbrust (nicht paniert) mit einem Salat (derzeit nur in der Schweiz möglich)
- **Burger King:** Chicken Wings ohne Panade mit Salat
- **Migros/Coop-Take-away:** Hähnchenschenkel mit Gemüseportion oder Salat
- **Vegetarischer Take-away:** hart gekochte Eier/Eiersalat mit Blattsalat und Gemüse
- **Bäckerei:** geh lieber in eine Metzgerei
- **Metzgerei:** kalter Braten aufgeschnitten, kaltes Siedfleisch, Rohschinken oder Hamburger (ohne Brötchen) kaufen. Wenn in der Metzgerei kein Gemüse/Salat erhältlich ist, im Notfall nur Fleisch essen und bei der nächsten Mahlzeit mehr Gemüse essen
- **Wurststand:** nur ausnahmsweise aufsuchen – Wurst ohne Brot bestellen

Planung und Organisation sind das Wichtigste, um jederzeit eine gute Mahlzeit auszuwählen und zu essen. Meistens weißt du, wie dein Tag aussehen wird und du kannst dir im Voraus überlegen, wann und wo du essen wirst. Gibt es kein **pure food,** ist es vorteilhaft, wenn du dein eigenes Essen mitnimmst. Dies ist vor allem wichtig während der **21 pure food-Tage**.

SAISONAL, REGIONAL UND BIOLOGISCH: EINKAUFEN MIT GUTEM GEWISSEN MACHT MEHR SPASS!

Mit **pure food** kannst du dich wunderbar umweltfreundlich ernähren. Dazu brauchst du drei Schlüsselwörter: saisonal, regional und biologisch. Schon klar, bei dem immensen Überangebot im Supermarkt versteht kein normaler Konsument mehr, wann denn nun welches Obst und Gemüse Saison hat und aus der Region kommt.

Kleiner Tipp im Voraus:

Mit einem Einkauf auf dem Wochenmarkt unterstützt du nicht nur die Bauern in deiner Wohnregion. Ein solcher Einkauf ist ein wahres Erlebnis! Du kannst dir von den Verkäufern Tipps geben lassen, dir ihre Hofgeschichten erzählen lassen, am Gemüse riechen. Sie werden dir mit großer Begeisterung erklären, auf was du achten musst, um zu wissen, ob eine Frucht oder ein Gemüse wirklich reif und aromatisch ist. Sie diskutieren mit dir sämtliche Unterschiede zwischen den unzähligen Apfelsorten durch.

Mit anderen Worten:

Nach einem Besuch auf dem Wochenmarkt wirst du Erdbeeren, Peperoni und Zucchini aus Spanien nur noch langweilig finden, weil du mit zehn neuen Rezeptideen für Weißkohl, Lauch und Knollensellerie nach Hause gehst.

Fakt ist:

Die Entscheidung, sich saisonal, regional und biologisch zu ernähren, erfordert ein wenig Umdenken, das sich mit der Zeit automatisch einspielt. Werde kreativ und erfinderisch! Ein Rezept erfinden ist, wie wenn du ein Gedicht schreibst, aber das eine schmeckt am Schluss besser. Nimm dir etwas mehr Zeit beim Erstellen von Kochideen oder beim Schreiben der Einkaufsliste und du wirst deinen Einkaufswagen im Handumdrehen voll mit saisonalen, regionalen und biologischen Produkten haben. Dabei muss man nicht immer gleich einen Umweg zum Bauern oder ins Reformhaus machen. Viele solcher Lebensmittel sind in den herkömmlichen Supermärkten erhältlich. Werde zum Entdecker im Supermarkt und bleib kritisch gegenüber den Verpackungen.

MACH DEN WINTER ZU DEINEM PERSÖNLICHEN SOMMER!

Wer beim Einkauf von Gemüse und Früchten darauf achtet, saisonal einzukaufen, ernährt sich nicht nur gesund, sondern auch günstig. Unsere Einkaufsgewohnheiten lassen uns jedoch manchmal etwas faul werden, und so kaufen wir einfach das, was gerade im Angebot ist, oder, was wir gewohnheitsmäßig gerne essen. In einer globalisierten Welt bedeutet das, wir kaufen im Winter das Sommergemüse aus Spanien. Mit einer Saisontabelle[1] für deiner Region fällt es dir leichter, kreativ zu werden und Wintergemüse wie Kohlrabi, Pastinaken, Kohl und Kürbis neu zu entdecken. Solltest du jetzt denken: »Das ist doch alles ‹Blödsinn›, Wintergemüse ist einfach langweilig«, dann schau dir unsere Rezepttipps an. Wer erfinderisch ist, macht aus Wintergemüse die exotischsten Currys und besten Ratatouilles. Doch das Beste: Damit entlastest du die Umwelt massiv und hilfst, CO_2 einzusparen, weil die Produkte nicht tausende von Kilometern mit dem Lastwagen herangekarrt werden müssen. Dieses Gemüse kommt aus deinem Land und, wenn du genau hinschaust, meistens aus der Region.

REGIONALES EVENTSHOPPING BEIM BAUERN

Die bekannten Labels der Supermarktketten machen es uns leicht, auf die Herkunft zu achten. Auch hier heißt die Devise: Raus aus den alten Gewohnheiten!

Mach am Wochenende oder an deinem freien Wochentag einfach mal einen Ausflug auf den nächstgelegenen Bauernhof, der ab »Hof« verkauft. Das kann eine willkommene Abwechslung zum Alltagsshopping sein. »Nee, der Zeitaufwand ist mir zu groß! Irrtum: Ein Ausflug zum Bauern ist viel entspannender als der Gang zum Supermarkt, und du hast nicht nur eingekauft, sondern einen richtigen kleinen Trip gemacht.« Übrigens ist das Gefühl, eine Bauernfamilie zu unterstützen und ihre Arbeit wertzuschätzen, um einiges befriedigender, als wenn du den Supermarkt einmal mehr gesponsert hast.

[1] www.foodnews.ch/allerlei/60_download/Saisontabelle.pdf

BIO MACHT DICH NICHT SCHÖNER, ABER DEINE UMWELT GESÜNDER!

Darüber, ob biologisch angebaute Lebensmittel gesundheitliche Vorteile bringen, nährstoffreicher sind und einen höheren Vitamingehalt besitzen, wird immer wieder gestritten. Es steht jedoch fest, dass biologisch angebaute Lebensmittel seltener mit Pestiziden kontaminiert sind und beispielsweise Bio-Hühner und Bio-Schweine weniger antibiotikaresistente Bakterien aufweisen. Die Bioprodukte haben auch noch einen anderen Vorteil: ➜

Quelle:
Tages-Anzeiger, Doreen Fiedler 03.09.12

Merke dir:
Je weicher die Früchte oder das Gemüse, desto weiter oben stehen sie auf der Liste der Produkte, die aus biologischem Anbau gekauft werden sollten. Die Erdbeere ist die Frucht, die zuoberst auf der Liste der aus Bio-Anbau zu kaufenden Produkte steht. Hier solltest du immer die Bio-Variante wählen.

Ihr Anbau und der Verzicht auf Schädlingsbekämpfungsmittel führen zu einer größeren Artenvielfalt auf den jeweiligen Biobetrieben im Vergleich zu konventionellen Landwirtschaftsbetrieben, die Pestizide einsetzen. Ebenso wird das Grundwasser durch die biologisch bewirtschafteten Flächen weniger belastet. Bio ist also nicht unbedingt gesünder für uns, jedoch tragen biologisch angebaute Lebensmittel zur Gesundheit der Umwelt bei.

Oftmals verzichten viele Leute auf den Kauf von Bio-Produkten, weil sie schlichtweg teurer sind als konventionelle Nahrungsmittel. Wir haben einen genialen Bio-Tipp für dich: Es gibt sehr wohl Nahrungsmittel, die man getrost aus konventionellem Anbau kaufen kann. Daneben gibt es solche, die du unbedingt aus biologischem Anbau kaufen solltest.

Top-Ten-Produkte, die man aus Bio-Anbau kaufen sollte:

1. Erdbeeren und Heidelbeeren
2. Peperoni
3. Spinat, Kopfsalat (Lattich), Kohl
4. Kirschen
5. Pfirsiche und Nektarinen
6. Gurke
7. Sellerie
8. Äpfel
9. Aprikosen
10. Trauben

PURE TRAINING PURE HEALTH

Warum bewegen wir uns immer weniger, obwohl unser Zeitgeist uns immer mehr antreibt und vieles von Tag zu Tag schnelllebiger wird?

Tipp 2 / S. 267

Romy's Trainings-Tipp:
Nüchtern trainieren am Morgen

Eigentlich unverständlich, denn Bewegung im Geiste, wie auch körperliche Aktivität sind für uns grundlegend.

Aber was bewirkt Bewegung eigentlich genau, und warum ist sie unser **Lebenselixier?**

Bewegung ist unser NATURELL. Integrieren wir genügend BEWEGUNG in unseren Alltag, beeinflussen wir unsere GESUNDHEIT positiv und unser Körper kann besser funktionieren.

Bewegung kurbelt unseren Stoffwechsel und Hormonhaushalt an, lässt uns überschüssiges Fett verbrennen, bewahrt und stärkt die Muskulatur, verbessert die Koordination und Beweglichkeit, festigt die Knochen, verbessert die Ausdauer und mit ihr unsere Belastbarkeit, bringt das Herz-Kreislauf-System in Schwung, verbessert den Blutdruck und Cholesterinspiegel und hilft uns, Stress ab- und unser Immunsystem aufzubauen.

Bewegen wir uns zu wenig, verringert sich schleichend unsere gesamte Leistungsfähigkeit. Dies kann verschiedenste Krankheitsbilder hervorrufen, denen du mit Bewegung präventiv entgegenwirken kannst. Bewegungsmangel verursacht eine Leistungsminderung unserer Organe und Muskelschwund, was oft mit Übergewicht einhergeht. Treten Übergewicht, Bluthochdruck, Diabetes Typ 2 und eine Fettstoffwechselstörung zusammen auf, spricht man vom metabolischen Syndrom. Herzinfarkt- und Schlaganfallrisiko sind markant erhöht. Nicht selten kommen Rückenbeschwerden, Verdauungsprobleme, Kopfschmerzen, Verspannungen, Knochenschwund, Gelenkbeschwerden, ein geschwächtes Immunsystem und Stresserkrankungen hinzu. Weil diese Krankheitsbilder meist erst mit zunehmendem Alter auftreten, erkennt man sie leider häufig erst spät. Darum ist es so wichtig, dass du dich bereits in jungen Jahren regelmäßig bewegst und diese Gewohnheit ein Leben lang beibehältst.

KINDER haben von Natur aus einen großen BEWEGUNGSDRANG

Um die Auswirkungen von Bewegung besser nachvollziehen zu können, sollten wir Kinder beobachten. Kinder haben von Natur aus einen großen Bewegungsdrang. Sie klettern gerne auf Bäume, rennen, hüpfen, krabbeln, spielen Fangen, schlagen Räder und Purzelbäume und noch vieles mehr.

Ihre Bewegungen sind teilweise ziemlich anspruchsvoll und sehr abwechslungsreich. Dieser Spiel- und Entdeckungsdrang fordert und fördert den Körper und Geist von Kindern. Auf diese Weise können sich Kinder Fähigkeiten in Bezug auf Stabilität, Koordination, Beweglichkeit, Kraft und Ausdauer auf verschiedenste Arten aneignen. Ein entscheidender Faktor bei dieser Art der Bewegung ist auch die Intensität. Kinder rennen so schnell sie können, bis sie nicht mehr können, machen eine kurze Pause, und weiter geht der Spaß. Auf die Idee, längere Zeit bei gleichem Tempo Runden zu rennen oder joggen zu gehen, würde ein Kind nie kommen. Darum ist es auch so wichtig, Kindern in allen Altersstufen Möglichkeiten zu bieten und Lebensräume zu schaffen, in denen sie sich polysportiv austoben können. Denn das, was sich Kinder im Laufe ihrer Entwicklung an Bewegungsformen und in Bezug auf die Belastbarkeit ihres Körpers aneignen, bestimmt maßgeblich ihr gesamtes Leben und geht nicht mehr so schnell verloren. Nehmen sitzende Tätigkeiten, Videospiele und Fernsehsendungen den Alltag der Kinder zu fest ein, und eignen sie sich schon sehr früh einen passiven Lebensstil an, verkümmern wichtige Fähigkeiten, die sie sich in dieser Lebensphase eigentlich aneignen und trainieren sollten.

In wenig ZEIT erreichst du mehr

Dieses uns angeborene Bewegungsverhalten und die damit verbundenen Vorteile wollen wir nutzen. Es ist die Grundlage für unsere kurzen, aber intensiven Trainingsworkouts, auch HIIT-Training genannt. HIIT-Training ist die Kurzform für High Intensity Intervall Training und macht sich, wie der Name schon verrät, die Effektivität hoch intensiver und intervallartiger Belastungen zunutze. In weniger Zeit wird mehr erreicht.

Bei dieser Traingingsform wird anaerob trainiert, das heißt in einem Intensitätsbereich, bei dem wir mehr Sauerstoff verbrauchen, als wir gleichzeitig aufnehmen können. Dies führt zu einer Anhäufung von Laktat (Milchsäure) im Körper. In diesem Bereich ohne Sauerstoff stehen uns als Energieform hauptsächlich Kohlenhydrate zur Verfügung. Diese Energie in Form von Zucker ist durch die hohe Intensität sehr schnell aufgebraucht und wir kommen energetisch an unsere Grenzen. Je schneller die Energie im Muskel verbraucht wird, umso mehr bemüht sich die Muskulatur, in der Regenerationsphase Reserven für die nächste Anstrengung aufzubauen. Dies passiert aufgrund der Trainingsart und Übungsauswahl nicht nur lokal in einem Muskel, wie beim Bodybuilding, sondern mit der gesamten Muskulatur. Um auf solche wiederkehrende Belastungen vorbereitet zu sein, muss der Körper die Muskulatur größer werden lassen, damit mehr Energie gespeichert werden kann. Das Wachstumshormon, das bei dieser Trainingsart und hoher Intensität ausgeschüttet wird, hat genau diesen Effekt und unterstützt den Körper dabei. Wenn du deine Muskulatur aufbaust, erhöhst du den Grundumsatz deines Körpers. So verbraucht er im Ruhezustand mehr Energie. Hinzu kommt, dass deine Haut straffer wird, weil die Muskulatur sie von unten her spannt. Wenn du nun nach einer solchen Trainingseinheit die richtigen Nahrungsmittel isst, unterstützt du damit die Regeneration. Wichtig ist, dass du deine Kohlenhydratspeicher nicht wieder auffüllst. Ohne Kohlenhydratnachschub machst du dir den Nachbrenneffekt zunutze, denn der Körper zehrt dann von den Fettdepots.

Der Nachbrenneffekt kann je nach Trainingsintensität mehrere Stunden andauern. So aktivierst du nach dem Training deine Fettverbrennung massiv, ohne das Stressniveau im Körper zu heben. Dein Körper baut Muskelmasse auf und wird dabei stark oder athletisch, je nachdem, welche Workouts du wählst. Zusätzlich fördert diese Trainingsform einen niedrigen Blutzucker und somit einen niedrigen Insulinspiegel, was die Bauchspeicheldrüse entlastet und eine Gegenmaßnahme für Diabetes Typ 2 darstellt. Um eine solche Effektivität und Intensität innerhalb einer kurzen Trainingseinheit zu erreichen, müssen Ganzkörperübungen gemacht werden, die so viel Muskelmasse wie möglich aktivieren und unser Herz-Kreislauf-System etwas fordern. Bei Ganzkörperübungen sind die Stabilität, Koordination und Beweglichkeit je nach Übung integriert und werden mittrainiert. So können wir uns in jedem Alter auf den Alltag oder den Sport vorbereiten, unser Wohlbefinden verbessern und unserem Körper einfach und mit wenig Aufwand die nötige Bewegung verschaffen.

Tipps im ALLTAG

Unter Berücksichtigung individueller Tagesabläufe, Gewohnheiten und Vorlieben sollte es möglich sein, die Trainingseinheiten im Alltag zu integrieren. Wichtig ist, dass du Änderungen in kleinen Schritten umsetzt und nicht alles auf einmal ändern willst.

Sobald du eine alte Gewohnheit durch eine neue ersetzt und diese nicht mehr als neue Angewohnheit wahrnimmst, kannst du eine neue Veränderung vornehmen. So überfordert man sich nicht, und das Rückfallrisiko schwindet.

Auch in Bezug auf Trainingsgewohnheiten hat man so die größte Chance, langfristig regelmäßige Trainingseinheiten als festen Bestandteil in den Alltag einzubinden. Da all diese Faktoren so verschiedenartig sind wie die Menschen, braucht es verschiedene Möglichkeiten und Alternativen. Mit kurzen, intensiven Trainingseinheiten von zehn und 20 Minuten kann ein entscheidender Unterschied in Bezug auf das Wohlbefinden, die Lebensqualität und die Gesundheit erzielt werden. Verschiedene Ideen für Trainingseinheiten in Alltagssituationen[1] zeigen wir dir hier.

[1] S. 106

Du erleichterst Dir die Angewöhnung von Trainingseinheiten, wenn du Entscheidungen einmal triffst und dann strikt einhältst. Als Beispiel nimmst du dir vor, ab jetzt IMMER die Treppe zu benutzen – bis in das vierte Stockwerk, egal welche Tagesform (pass dein Tempo an oder nimm an guten Tagen immer zwei Stufen auf einmal). Wenn du jede Gelegenheit wahrnimmst, die Treppe zu benutzen, nimmst du dir all die kommenden Entscheidungen ab und die Wahrscheinlichkeit für einen Rückfall sinkt. So trainierst du dir eine neue Gewohnheit an und integrierst Bewegung in deinen Alltag.

Wenn du gerne joggen gehst, oft sogar über längere Distanzen oder lange Zeiteinheiten, musst du diese Gewohnheit nicht aufgeben, denn frische Luft und der Gang in die Natur entspannen und lassen dich auftanken. Aber bist du bereit, etwas Neues auszutesten? Jedes Mal, wenn du deine Runden drehst, suchst du dir auf der Laufstrecke ein entferntes Ziel (zum Beispiel die nächste Weggabelung oder den nächsten großen Baum). Versuch, dieses Ziel so schnell wie irgend möglich zu erreichen. Danach gehst oder läufst du in einem langsamen Tempo weiter, bis deine Atmung und dein Puls sich wieder beruhigt haben. Das wiederholst du fünf- bis achtmal oder so oft, bis du ausgepowert bist. Hast du diese Übungen während ein paar Wochen regelmäßig gemacht, werden sie bald zur Gewohnheit. Dir sind fünf bis acht Intervalle zu viel? – Fang mit einem an und steigere dich langsam.

Das Gleiche gilt für Schwimmer. Egal, in welchem Schwimmstil man schwimmt und wie viele Längen man macht, man kann, um das Schwimmen zu intensivieren und einen Trainingsreiz zu setzen, immer wieder eine Länge so schnell schwimmen, wie man nur kann. Dasselbe kann beim Wandern, beim Fahrradfahren und beim Inline-Skaten angewendet werden. Wichtig ist, solche anstrengenden intensiveren Phasen in das Training einzubauen. So erzeugen wir immer Anpassungseffekte im Bereich Koordination, Schnellkraft, Herz-Kreislauf, Fettverbrennung und Muskelmasse in unserem Körper. Du kannst in jede Bewegungsform eine Art HIIT-Training einbauen, ohne dass du dich einschränken oder dein Training ändern musst. Du fügst einfach deiner alten Gewohnheit eine kleine neue hinzu.

Wichtig zu beachten ist, dass Anfänger beziehungsweise Neustarter, bevor sie solche Trainingseinheiten absolvieren, einen Arzt konsultieren sollten, der bestätigen kann, dass der Körper solchen Belastungen gefahrlos gewachsen ist. Ebenfalls eine gute Idee ist es, erste »HIIT-Erfahrungen« mit einem erfahrenen Coach oder Trainer zu machen, der einen langsam an diese Trainingsart heranführt.

Wann sollte man TRAINIEREN?

Jede Trainingszeit hat ihre Vor- und Nachteile. Morgens ist bei vielen der Kreislauf noch etwas schwach, unsere Muskeln, Gelenke und unser gesamter Bewegungsapparat sind noch nicht ganz auf Betriebstemperatur, was mit einem kurzen Aufwärmen allerdings behoben werden kann. Es gibt viele Leute, die das Gefühl, bereits am Morgen ihre Trainingseinheit absolviert zu haben und energiegeladen in den Tag zu starten, sehr schätzen. Wer morgens nicht erholt und bereit für den Tag erwacht, sollte sich einmal Gedanken darüber machen, an was es liegen könnte. War der Schlaf unruhig, von zu vielen belastenden Gedanken geprägt, einfach nur zu kurz oder das Abendessen daran Schuld? Der ideale Zeitpunkt für Fitnesstraining ist der Morgen. Die gesteigerte Durchblutung nach dem Training wirkt der möglichen Müdigkeitsphase nach dem Mittagessen entgegen. Am Nachmittag sind wir körperlich grundsätzlich leistungsfähig, sofern uns das Mittagessen nicht unnötig schwer im Magen liegt. Absolvierst du dann dein Training, kannst du einem entspannten Abend entgegensehen. Natürlich kannst du auch abends trainieren, sofern du die nötige Motivation nach einem anstrengenden Tag noch aufbringst. Vorsicht: Ist das Training zu spät am Abend angesetzt und du möchtest kurz nach dem Workout schlafen gehen, wird das ziemlich schwierig, wenn du deinen Stoffwechsel kurz vorher noch so in Schwung gebracht hast. Ganz sicher musst du nicht von heute auf morgen ein Morgenmensch werden, aber du könntest versuchen, dich langsam dahin zu tasten. Deine Trainings bereits morgens zu absolvieren, verleiht dir das tolle Gefühl, dass du heute schon etwas Gutes für dich getan hast.

WAS oder WANN sollte man ESSEN?

Morgens wäre es das Beste, nüchtern zu trainieren, sofern du das Trainingsziel Abnehmen fokussierst. Nach dem Training solltest du innerhalb einer Stunde etwas eiweißhaltiges und kohlenhydrat**ARMES** essen. Wenn das nicht geht, mindestens eine Stunde vor deinem Training (besser noch früher) etwas eiweißhaltiges, kohlenhydrat**ARMES** essen, sodass du dich noch genährt, aber nicht mehr voll fühlst. Richtest du deinen Fokus mehr auf Muskelaufbau, so gilt das Gleiche, außer dass du etwas mehr Kohlenhydrate essen solltest. Achtung: Die kleine Portion Kohlenhydrate nach dem Training zusammen mit Proteinen konsumieren.

Merke dir:

Wenn du vor dem Training etwas isst, dann nichts allzu Fettiges und nichts zu schwer Verdauliches. Achte darauf, vor dem Training genügend Wasser zu trinken und dass dein Körper nach dem Training mit proteinreichen Nährstoffen richtig versorgt wird. So kann sich dein Körper optimal erholen.

FETTABBAU & FETTVERBRENNUNG

Mit Fettabbau ist die Reduktion von Fettdepots am Körper gemeint. Die Fettverbrennung hingegen zeigt auf, wie viele Fettsäuren zur Energiegewinnung gebraucht wurden. Um den Körperfettanteil zu reduzieren, muss je nach Situation über einen gewissen Zeitraum hinweg eine negative Energiebilanz erzielt werden. Das heißt, du musst mehr Energie verbrauchen, als du während 24 Stunden aufnimmst. Daher berechnen viele den Tagesbedarf, der sich aus dem **Grundumsatz** und der Tagesaktivität zusammensetzt. Somit wird klar, dass der Tagesbedarf variiert und wir ihn mit Muskelaufbau und Aktivitäten anheben können. Eine viel wichtigere Rolle als die Kalorien spielt die richtige Ernährung. Genügend Eiweiß und gesunde Fette signalisieren deinem Körper, dass keine Hungersnot besteht und er nicht unnötig seinen Fettabbau drosseln. Eine der wichtigsten Grundvoraussetzungen für den Fettabbau ist ein tiefer Insulinspiegel. Wenn du zucker- oder stärkehaltige Lebensmittel isst, verwendet dein Körper lieber diese Energie, weil es für ihn einfacher ist. Ist der Zucker aufgebraucht, fällt der Insulinspiegel ab. Wir bekommen wieder Hunger. Sorgst du nicht für einen Zucker- oder Stärkenachschub, beginnt dein Körper automatisch, Fett als Energielieferanten zu nutzen. Haben wir uns so viel Zucker zugefügt, dass wir mehr im Körper haben, als wir benötigen, wird der übriggebliebene Zucker einfach in den Fettdepots als Notreserve abgelegt.

Übrigens solltest du auch Stressfaktoren nicht unterschätzen. Ist man dauernd angespannt und gestresst, verhindert das Stresshormon Cortisol einen zufriedenstellenden Fettabbau.

»GRUNDUMSATZ«

Das Minimum an Energie, welches der Körper für die Grundfunktionen und die Grundversorgung benötigt, auch wenn man nur den ganzen Tag im Bett liegt. Diese Energie wird zum Beispiel für die Erhaltung der Körpertemperatur, Herzschlags usw. benötigt. Dieser Grundumsatz kann erhöht werden, wenn man Muskulatur aufbaut, da Muskulatur auch im Ruhezustand mehr Energie verbraucht als Fett.

Quellen:

http://www.daytona-gym.ch/images/content/div_pdf_zumrunterladen/fettabbau_vermeidbare_fehler.pdf

www.bambamscorner.com/download/kardio.pdf

www.dr-moosburger.at/pub/pub031.pdf

Zum Muskelaufbau:

de.wikipedia.org/wiki/Muskelaufbau_
de.wikipedia.org/wiki/High Intensity-Training

S. 282
6 Kilo in 6 Wochen
Das ist möglich!

Verlockung, Gewohnheit, Stress, Gruppendruck, Lust – oder eben Frust. Es gibt unzählige gute und weniger gute Gründe, warum wir die Pizza dem Salat, den Donut einem Apfel vorziehen.
Bei den meisten Entscheidungen schlägt uns das Gehirn ein Schnippchen. Lebensmittel haben einen starken Symbolgehalt. Sie wecken Kindheitserinnerungen, können Stress abbauen und geben uns ein gutes Gefühl.

WARUM WIR ESSEN, WAS WIR ESSEN

ESSEN VERBINDET

Gerade die gemeinsamen Mahlzeiten mit Familie oder Freunden schaffen soziale Zugehörigkeit, festigen und besiegeln Bindungen. Die gemeinsame Mahlzeit ist eine der ganz wenigen Erfindungen des Menschen, die universelle Bedeutung hat. Weltweit ist keine Gesellschaft bekannt, die keine gemeinsamen Mahlzeiten pflegt. Früher war die Essensgemeinschaft wegen der Arbeitsteilung nötig. Ein einzelner Mensch hätte in der Wildnis nicht überlebt. Auch heute stabilisieren gemeinsame Mahlzeiten unsere Arbeitsbeziehungen, unser Familienleben oder unsere Freundschaften. Bei dieser Art von Vergemeinschaftung steht nicht die Mahlzeit, sondern die Gemeinschaft im Mittelpunkt. Im Restaurant mit Freunden bestellt meistens jeder etwas anderes, trotzdem genießt man das Zusammensein. Im Kreis von Familie und Freunden ist es dagegen nahezu unmöglich, eine Sonderschiene zu fahren. Es wird gegessen, was auf den Tisch kommt, man will sich schließlich nicht ausgrenzen oder unbeliebt machen mit Extrawünschen nach gesunden Mahlzeiten. Wenn du dich für **pure food** entscheidest, ist deshalb die Unterstützung des Partners wichtig, weil sonst die Gemeinschaft verloren geht. Ein Mittelweg ist gefragt, sodass beide ihre Bedürfnisse ausleben können. Denk daran, dass es nicht wichtig ist, was auf dem Teller liegt, sondern, dass du mit deiner Familie oder deinen Freunden eine Gemeinschaft bildest. **pure food** ist keine Religion! Wenn zu Weihnachten das übliche 5-Gänge-Menü im Kreis der Liebsten ansteht, genieße es, denn es macht durchaus Sinn, auch wenn wir uns bewusst sind, dass wir viel zu viel gegessen haben.

EMOTIONEN VERSTECKEN SICH AUCH IM ESSEN

Die schöne Erinnerung an Omas Apfelstrudel bringt uns dazu, die Kopie später im Supermarkt zu kaufen. Schokolade macht glücklich, sagt man, und Popcorn und Eiscreme gehören nun mal zum Filmabend dazu – auch wenn wir gar keinen Hunger haben. Nahrungsmittel haben noch jedes negative Gefühl bewältigt – Trauer, Stress, Langeweile, Wut, Nervosität, die Liste ist lang. Fakt ist: In der westlichen Gesellschaft wird selten aus Hunger gegessen, und wenn, dann meistens ungesund und unnatürlich. Du kannst lernen, solche Mechanismen zu durchschauen und zu umschitten. Wenn du wieder mal ohne Hunger zum Kühlschrank tigerst, frage dich, weshalb. Welches Gefühl geht dir auf die Nerven, was willst du verdrängen? Den Stress, die Langeweile? Tu etwas gegen diese Gefühle. Du findest unzählige Tipps und Tricks, die dir helfen, in unserem Buch.

WARUM WIR ZU VIEL UND ZU UNGESUND ESSEN

Tatsächlich verleitet uns alleine schon das Vorhandensein von Nahrungsmitteln zum Essen. Das beste Beispiel liefert das Frühstücksbuffet im Hotel. Wir wollen alles probieren, denn wir haben schließlich dafür bezahlt. Wer ohne Liste einkaufen geht, lässt sich von Aktionen, Werbung, Aussehen und Gewohnheiten leiten. Plötzlich landet neben dem Salat die Fertiglasagne im Einkaufswagen, neben Eiern die Schokokekse, die es gerade im Angebot gibt. Vom langen Arbeitstag müde und ausgelaugt, schieben wir zu Hause kurzum die Lasagne in den Ofen, statt den Salat zu machen.

Das Resultat sehen und spüren wir früher oder später. Plötzlich passt die Hose nicht mehr, die Waage zeigt drei Kilo mehr an, wir fühlen uns matt, niedergeschlagen und ausgelaugt.

Unser Körper ist nicht gemacht für Pommes, Fertigpizza oder Fast Food. Aber bereits als Kinder werden wir daran gewöhnt. Wir lernen, dass diese Nahrungsmittel das natürlichste der Welt sind. Auch, dass sie eigentlich nicht richtig sättigen, wir nach dem Essen müde werden und bald wieder Hungerrast haben, scheint »ganz normal« zu sein.

Irrtum! Wer auf natürliche Lebensmittel und eine proteinreiche Ernährung umstellt, wird bald merken, dass Nahrung richtig sättigt und uns leistungsfähiger, konzentrierter und fitter machen kann. Die richtigen Lebensmittel machen uns automatisch glücklicher.

Mit alten Gewohnheiten[1] zu brechen, ist zweifellos die größte Hürde bei einer Ernährungsumstellung – gerade wenn das Sozialleben betroffen ist, möchte man sich nicht mit Extrawürsten ausgrenzen. Ein erster Tipp vorweg: Dem einen hilft es, schrittweise von ungesund auf gesund umzustellen, bei anderen muss es von heute auf morgen sein. Wer sich aber definitiv entscheidet, der hat den größten Brocken schon geschafft. Überhaupt ist die Entscheidung der Schlüssel zum Erfolg. Wir sollten uns vor dem Einkaufen, vor dem Gang zum Buffet und vor dem Kochen bewusst entscheiden, was wir essen wollen. Verlockungen, Gewohnheiten, Stress und Frust haben dann keine Chance mehr.

[1] S. 67

FINDE EINEN NEUEN TRAMPELPFAD:

WIE DU LÄSTIGE GEWOHNHEITEN LOSWIRST

Um dein Verhalten zu ändern und ungesunde Gewohnheiten abzulegen, musst du dir zuerst bewusst werden, wann du die Gewohnheit ausübst. Nehmen wir als Beispiel die berühmten Süßigkeiten, von denen wir denken, dass wir sie zwischen den Mahlzeiten brauchen oder verdienen. Ist es am Vormittag, wenn du eine Pause bei der Arbeit machst, ist es abends vor dem Fernseher, ist es, wenn du gestresst bist, wenn du dich ärgerst oder dich belohnen willst? Sobald eine Handlung zur Gewohnheit wird, hört das Gehirn auf, Entscheidungen zu treffen und folgt dem angewöhnten Trampelpfad, sprich, es handelt automatisch.

Gewohnheiten vereinfachen unser Leben enorm. Stell dir vor, du müsstest jeden Morgen überlegen, was du wann in welcher Reihenfolge machst oder welche Handlungen du ausführen musst, bis du an deinem Arbeitsort bist. Unser Gehirn schafft sich für alltägliche Abläufe eine Art Trampelpfad. Es merkt sich Handlungsabläufe.

Ungesunde Gewohnheiten, wie das Naschen von Süßigkeiten, oder schlimmer, das Rauchen, funktionieren wie beispielsweise das Zähneputzen, sind aber zusätzlich mit einer Belohnung verbunden.

Hast du eine solche Gewohnheit verinnerlicht, läuft sie immer in drei Schritten ab:

1. **Auslöser (Ereignis A trifft ein)**
2. **Handlung (weil Ereignis A eintrifft, führe ich Handlung B aus)**
3. **Belohnung (weil ich Handlung B ausgeführt habe, fühle ich mich gut)**

Veranschaulicht wird dies an einem konkreten Beispiel:

DIE GEWOHNHEIT:

Wenn meine Bürokollegen und ich vormittags eine Pause machen, esse ich zu meinem Kaffee immer etwas Süßes aus unserem Automaten im Pausenraum.

DER AUSLÖSER DER GEWOHNHEIT:

Die Kollegen im Büro gehen zum Pausenraum, ich stehe auf und schließe mich der Gruppe an. Automatisch verlangt mein Körper nun etwas Süßes. Mein Gehirn wählt denselben Trampelpfad – den einfachsten Weg. Auch wenn ich mir am Morgen vorgenommen habe, eine Karotte in der Pause zu essen, geht jetzt alles automatisch und ich steuere direkt auf den Automaten mit den Schokoriegeln zu.

DIE BELOHNUNG:

Der Schokoriegel in meiner Hand, im Mund, im Bauch. Das Unterbewusstsein hat sich durchgesetzt. Die Karotte liegt in der Tasche und wird vergessen.

WIE KANN ICH DIESE GEWOHNHEIT ERFOLGREICH ÄNDERN?

Zuerst muss mir mein Verhaltensmuster bewusst werden. Was löst meine Handlung aus? Was für eine Belohnung suche ich (Was erwartet mein Gehirn?) In meinem Beispiel löst die gemeinschaftliche Pause die Handlung aus. Da es im Pausenraum einen Automaten mit Süßigkeiten gibt und alle etwas Süßes zum Kaffee nehmen, habe ich mir dies über die Zeit auch angewöhnt. Nun verbindet mein Gehirn automatisch die Kaffeepause mit einem Zuckerschub und setzt alles daran, das neurologische Bedürfnis zu befriedigen. Schließlich ist der gewohnte Weg nicht nur für uns der einfachste, sondern auch für unser Gehirn. Es ist eben am bequemsten, wenn wir nicht überlegen müssen. Gibt es keinen Zucker, bin ich enttäuscht und unbefriedigt.

WIE ÄNDERE ICH DIESE GEWOHNHEIT?

Die erste und wichtigste Handlung ist deine ganz bewusste Entscheidung, dir etwas abzugewöhnen. Erst dann kannst du einen neuen Trampelpfad für dein Gehirn anlegen. Danach schreibst du dir alternative Verhaltensmöglichkeiten auf.

IN MEINEM BEISPIEL GIBT ES MINDESTENS DREI MÖGLICHKEITEN:

1. Nicht mehr mit diesen Kollegen in die Pause gehen. (Sobald ich die neue Gewohnheit verinnerlicht habe, kann ich auch wieder mit den anderen in die Pause gehen.)
2. Jemanden unter den Kollegen finden, der ebenfalls seine Gewohnheit ändern will, und zusammen mit ihm in die Pause gehen (an einem anderen Ort die Pause verbringen oder eigenen Snack mitnehmen und zusammen solidarisch essen).
3. Ich nehme abgezähltes Geld für den Kaffee zusammen mit meinem Proteinsnack in einer separaten Tasche in die Pause mit. (Die Möglichkeit, den Schokoriegel zu kaufen, existiert gar nicht mehr.)

Jetzt weiß ich, was die Gewohnheit auslöst und was ich anders machen muss, damit ich nicht in die Gewohnheitsfalle tappe. Normalerweise esse ich jetzt in der Pause zusammen mit einem Kollegen einen proteinreichen Snack, den ich von zu Hause mitnehme. Wichtig ist, dass du auch einen Plan B hast. Als ich in meiner Umgewöhnungsphase war und mein Snack-Kollege nicht da war, habe ich vor oder nach den anderen Kollegen eine kurze Pause gemacht. Heute hab ich mich an den Protein-snack gewöhnt und kann ohne Weiteres mit den anderen Pause machen. Es gibt auch keine Ausrutscher mehr. Wenn ich oder mein Snack-Kollege keinen proteinreichen Snack dabei haben, geht einer von beiden vor der Pause einkaufen.

SIMPEL UND EINFACH? Nein, eine Gewohnheit zu ändern braucht eine bewusste Entscheidung, ein Ziel oder eine Motivation (Warum will ich die Gewohnheit ändern?), einen Plan und Durchhaltewillen (den Glauben daran, dass ich mein Verhalten erfolgreich ändern kann). Kann man die Veränderung zusammen mit jemand anderem oder in einer Gruppe vollziehen, stehen die Chancen um einiges besser, als im Alleingang.

Tipp 3/S. 268

»SLOW MOTION«

Entschleunige deinen Alltag

PURE RELAXATION

Entspann dich! Erfahrungsberichte über den Paleo-Lifestyle lassen uns immer wieder staunen: »Ich habe viel mehr Energie, brauche weniger Schlaf, fühle mich zehn Jahre jünger.« Wenn du Paleo noch nicht ausprobiert hast, denkst du bestimmt: »So will ich mich auch fühlen.«

Tatsächlich stehen wir alle häufig unter Leistungsdruck, haben Stress, Ängste oder erleben nervenaufreibende Ereignisse.

Gelegentlich sagen wir dann, »ich steh' unter Strom«. Wenn unser Körper psychischem Stress ausgesetzt ist, schüttet er die Stresshormone Cortisol und Adrenalin aus.

DIE FOLGE:

Du fühlst dich unruhig, nervös, angespannt, hast möglicherweise Schlafstörungen oder bekommst vielleicht Heißhunger – als würdest du unter Strom stehen.
Falls du schon einmal versucht hast, dir eine lästige Angewohnheit abzutrainieren oder eine Diät durchzuhalten, dann weißt du bestimmt, wie stressig das sein kann. Umso wichtiger ist es, gegenzusteuern.

ENTSPANN DICH!

PURE RELAXATION – *Was ist das?*

Entspannung ist ein physischer und psychischer Zustand, in dem wir ruhig werden können, unsere Alltagssorgen in den Hintergrund treten, unsere körperliche Anspannung nachlässt und wir loslassen können. Die Gedanken kommen und gehen, die Sinne erwachen und wir sind ganz im Moment. Alles kommt uns leicht und richtig vor. Wir konzentrieren uns auf das, was jetzt ist, und kosten diesen Moment voll aus. Damit beeinflussen wir unseren gesamten Organismus positiv.
Am besten kannst du dich entspannen, wenn du dir bewusst etwas Gutes tust. Keine Angst! Das ist einfacher, als du denkst. Einzige Voraussetzung: Es muss dir Freude bereiten und darf auf keinen Fall mit Leistung verbunden sein – **pure relaxation** also. Beurteile nicht, was du tust, sondern genieße es! Sonst entsteht bereits wieder ein Leistungsdruck, was kontraproduktiv ist. Es sollen so viele Sinne wie möglich damit angesprochen werden. Und es sollte ein Ausgleich, eine Abwechslung zu deinem Alltag sein. Deinem Bewusstsein und deinem Körper muss klar werden, dass es Zeit ist, den »Modus« zu wechseln und einen Gang herunterzuschalten. Es geht darum, den Kopf frei zu kriegen, alte Gedanken abzuschütteln und wieder einmal offen und unvoreingenommen etwas auszuprobieren.
Die körperliche Entspannung folgt, sobald wir im Kopf loslassen können. Solche regelmäßigen Phasen der Entspannung sind enorm wichtig, wenn wir leistungsfähig sein und bleiben wollen. Ebenso wie unser Körper braucht auch unser Geist Zeiten, in denen er auftanken, loslassen und zu sich kommen kann. Wir brauchen neben der Sicherheit und Verlässlichkeit, die uns die tägliche Routine ermöglicht, auch immer wieder etwas frischen Wind und Abwechslung, damit wir nicht abstumpfen und nur noch funktionieren.

WIE MERKE ICH, DASS ICH MICH *entspanne?*

Vielleicht hast du schon einmal während einer Beschäftigung zu jemandem gesagt: »Nicht jetzt, ich bin grad voll im Flow!« – »**Flow**« ist ein Kennzeichen für erfolgreiches, zufriedenheitserzeugendes Verhalten. Das Gefühl, ganz in sich zu sein. Du spürst in dem und durch das, was du gerade machst, Zufriedenheit, Sicherheit und Geborgenheit. Alle diese Gefühle versetzen dich in einen »Flow«. Sie machen dich glücklich. Was sind die Kennzeichen für den »Flow«? Es geht um eine aktive Tätigkeit. Du malst zum Beispiel ein Bild oder gehst joggen. Deine Gedanken kreisen nur um diese Tätigkeit.

DEIN ZIEL IST ERREICHBAR. DEN WEG ZUM ZIEL BESTIMMST DU. DIE ZEIT VERFLIEGT NUR SO.

»Flow« ist das Ergebnis eines erfolgreichen Wechselspiels zwischen Außenwelt und Innenwelt, zwischen Aufgabenstellung und Motivation, zwischen Herausforderung und der Fähigkeiten, damit umzugehen – soweit die »Flow«-Theorie des Psychologen Mihaly Csikszentmihalyi.

Wirklich passiv sind wir – oder ist unser Körper – eigentlich nie, auch wenn wir uns entspannen. Du kannst ein heißes Bad nehmen, einfach Musik hören oder auf einer Parkbank die Aussicht genießen. Deine Gedanken werden ebenso kreisen. Jedoch haben viele Menschen Mühe, sich richtig zu entspannen, wenn sie passiv sind. Oft tappen wir in die Falle und denken über unsere Alltagssorgen nach. Höchste Zeit, eine aktive Beschäftigung zu finden, die dich wirklich von deinen Sorgen, Lasten und der alltäglichen Reizflut befreit. Damit dir das gelingt, haben wir eine ganze Palette mit Ideen und Tipps zum Entspannen für dich. Such dir einfach eine der Situationen aus (Kapitel 7).

DENKE IN RITUALEN!

Wenn du allgemein Mühe hast abzuschalten, gibt es ein gutes Mittel dagegen. Denke in Ritualen! Rituale sind wiederkehrende und mehr oder weniger fest strukturierte Handlungen. Insbesondere Gewohnheitsmenschen pflegen – oft unbewusst – viele Rituale. In einer hektischen Welt wirken Rituale wie Ruhepole. Sie geben uns Sicherheit und Halt. Wenn Stress unsere Nerven verrückt spielen lässt, sind es Rituale, die sie wieder ins Lot bringen.

Nimm dir bewusst Zeit für eine Tätigkeit. Setz einen Anfangs- und einen Endzeitpunkt. Du kannst je nachdem auch einen festen Ort in einem Raum bestimmen, eine feste Laufstrecke, einen Ort im Wald. Das ist dann die Zone für dein Ritual. Wenn du zu Hause bist, benutze Hilfsmittel wie Kerzen, Düfte, spezielles Licht, bequeme Kleider oder Entspannungsmusik.

Ein Ritual hat nichts mit Religion oder Spiritualität zu tun. Auch Zähneputzen kann ein Ritual sein. Wichtig ist, dass du dir eine geistige Freizone schaffst. Stell dir vor: Ein Ritual ist, wie wenn du einen angenehmen Raum betrittst, in dem es nur positive Gefühle gibt. Alles andere bleibt draußen.

BEWEG DICH – BEWEG DEINE *Hormone!*

Bewegung entspannt und tut gut. Sportliche Betätigung hilft deinem Körper, die im Blut kreisenden Stresshormone abzubauen, und führt die zur Stressentgegnung freigesetzte Energie der Verbrennung in den Muskeln zu. Doch Sport kann noch mehr: Körperliche Aktivität bremst die Reizüberflutung, weil man sich ganz auf den eigenen Körper konzentriert.

Während die einen beim Joggen frische Energie tanken und abschalten können, gibt es andere Menschen, die beim Gehen zur Ruhe kommen. Wieder andere tanken beim Yoga oder beim Fahrradfahren auf. Wenn du weißt, welche Bewegung dich entspannt, ist das großartig. Wenn nicht, gibt es nur eines: Finde es heraus!

Wer Bewegung nutzt, um zu entspannen und ein inneres Gleichgewicht zu erreichen, sollte dies nie mit Leistungszielen verbinden. Um wirklich Stress abzubauen, soll es bei dieser Art von Bewegung nur um die Bewegung selbst gehen. Übrigens verstärkt sich die Wirkung, wenn du den Spaziergang oder die Fahrradtour bewusst als Ritual verpackst und eine gewisse Regelmäßigkeit hineinbringst.

ENTSPANN DICH MIT *pure food!*

Tatsächlich gibt es so einige Nährstoffe, die uns helfen, Stress zu vermeiden, aber auch solche, die uns mehr stressen. Die meisten Menschen, die unter Strom stehen, bevorzugen energiereiche, fett- und zuckerhaltige Lebensmittel. Es gibt aber auch »Essensverweigerer«. Sie vergessen in stressigen Situationen das Essen oder haben schlicht keinen Appetit mehr. Dir dürfte klar sein, dass beide Varianten ziemlich ungesund sind.

Bei Stress solltest du nur sehr beschränkt zu Kohlenhydraten greifen. Sie erhöhen den Cortisolspiegel und führen so zu noch mehr Stress. Hinzu kommt, dass gerade bei sehr zuckerhaltigen Snacks die Gefahr einer späteren Unterzuckerung besteht. Unser Körper reagiert darauf erneut mit Stresssymptomen.

Wenn du mit der richtigen Ernährung dem Stress entgegenwirken willst, setzt du am besten auf B-Vitamine sowie Vitamin A, C und E. Spurenelemente wie Magnesium, Kalium und Eisen sind ebenfalls unerlässlich. Viele Früchte und reichlich Gemüse, so lautet also die Devise. Um den Cortisolspiegel nicht unnötig zu belasten, eignen sich proteinreiche Lebensmittel.

Letztlich gilt auch beim Essverhalten: Statt hastig während der Arbeit zu essen oder auf dem Weg irgendetwas auf die Schnelle zu verdrücken, solltest du dir Zeit nehmen und bewusst genießen. Vielleicht hilft es dir, wenn du aus der Nahrungsaufnahme ein Ritual machst. Das heißt nicht, dass du die Mahlzeiten zelebrieren sollst, sondern dass du sie ganz einfach bewusst und in Ruhe zu dir nimmst, und zwar möglichst nicht am Bürotisch, hinter dem Steuerrad oder vor dem Fernseher. →

Für deine Verdauung ist es sehr wichtig, das Essen in Ruhe zu genießen. Dies gilt für alle Tagesmahlzeiten. Eines der besten Rezepte gegen Stress und körperliches Unwohlsein ist die Muße beim Essen. Sie kommt dem Genuss und der geistigen und mentalen Entspannung zugute und fördert das einwandfreie Funktionieren des Stoffwechsels. Hektik, Ärger oder sogar Streitgespräche bei Tisch hingegen stören die Physiologie der Verdauungsorgane und verhindern so die optimale Verwertung der Nährstoffe.

Schlaf DEN STRESS WEG!

Erholsamer, tiefer Schlaf ist essenziell, damit du jeden Tag körperlich und geistig die optimale Leistung erbringen kannst. Bereits das Abendessen beeinflusst den Schlaf enorm. Mit den richtigen Lebensmitteln schläft man abends besser ein und nachts besser durch. Hier gilt das Gleiche wie links schon ausgeführt: keine Kohlenhydrate, dafür viel Proteine und Gemüse. Früchte solltest du abends keine mehr essen. Der Zucker kann deinen Körper wieder aufputschen. Versuch, jene Gemüsesorten zu meiden, die du nicht gut verdaust. Bei vielen Menschen sind das beispielsweise Peperoni oder Kohlsorten.

Vor dem Schlafengehen solltest du dich entspannen und nicht mehr an die großen und kleinen Aufgaben denken, die du ohnehin erst am nächsten Tag erledigen kannst.
Die richtige Raumtemperatur (zwischen 18 und 21 Grad) im vollständig abgedunkelten Schlafzimmer kann dir beim Einschlafen helfen. Wenn du einen leichten Schlaf hast, probier aus, ob du mit Ohropax besser durchschläfst.
Der Körper liebt die Gewohnheit – auch beim Schlafen. Versuche immer, ungefähr zur gleichen Zeit schlafen zu gehen. Das gilt auch fürs Aufstehen. Wer seinem Körper diese Regelmäßigkeit ermöglicht, wird plötzlich keinen Wecker mehr brauchen und sich morgens viel erholter und leistungsfähiger fühlen.

ARBEIT & ALLTAG

Tipp 4 / S. 269

Sabina

Sei ein bisschen verrückt

ENTSPANNUNGS-TIPPS

Gute Tipps zum Entspannen für dein Alltagsleben

Seite 77

ERNÄHRUNGSTIPPS & REZEPTE

Leckere Tipps und Rezepte zum Nachkochen für dein Alltagsleben

Seite 78

BEWEGUNG

Workouts und Tipps zu deinen eigenen Sportarten für die Arbeit und dein Alltagsleben

Seite 106

TIPPS ZUM ENTSPANNEN

in der Mittagspause, vor und nach der Arbeit

REZEPTETIPPS →

aktive Entspannung:

- Rad fahren
- Yoga
- Spazieren
- Schwimmen
- Tai Chi
- Meditieren
- Joggen
- Gartenarbeit
- In der Schweiz: Vita Parcours
- Dehnen/Black Roll

passive Entspannung:

- Massage
- Sonne genießen/täglich 15 Minuten ohne Sonnencreme (wichtig für Vitamin-D-Bildung)
- Farbtherapie/immer möglichst bewusst eine bestimmte Farbe betrachten
- Musik hören

kreativ sein:

- Stricken, nähen etc.
- Rätsel lösen
- Kochen
- Singen, morgens unter der Dusche, beim Kochen etc.
- Malen/zeichnen
- Fotos bearbeiten
- Dekorieren, einrichten

in Gesellschaft:

- Freunde treffen, plaudern, klatschen, Zeit zusammen verbringen
- Sich um das Haustier kümmern
- Singen im Chor
- Musik machen in einem Ensemble

MORGENS

RESTE VOM ABENDESSEN

RÜHREI MIT SPECK UND GEDÄMPFTEN TOMATEN

Seite 200

EIERMUFFINS

Seite 208

OMELETTE GEFÜLLT MIT GEMÜSE UND FLEISCH/FISCH

Seite 188

MITTAGS

In Restaurant oder Kantine

AUSWAHL VOM BUFFET

Seite 51

SALAT/GEMÜSE MIT CREVETTEN/FISCHFILET/SCHNITZEL NATUR/HÄHNCHENBRUSTFILET

SASHIMI MIT GURKE

Seite 182

KEBAB IM TELLER MIT SALAT UND CHILI (OHNE FLADENBROT/POMMES/COCKTAILSAUCE)

GRILLHÄHNCHEN MIT SALAT

pure fast food

HAMBURGER OHNE BRÖTCHEN MIT SALAT UND/ODER GEMÜSE

Seite 176

ABENDS
Daheim

SUPPE

Seite 162

KIMCHI

Seite 180

FLEISCH / FISCH / HÄHNCHEN MIT GEMÜSE

Seite 156

SÜSSKARTOFFELRÖSTI MIT BRATWUST ODER SPIEGELEI

Seite 168

GRILLHÄHNCHEN MIT SALAT

PURE FOOD-BEILAGEN / PASTA / STOCK / PÜREE / REIS

Seite 152

HAMBURGER OHNE BRÖTCHEN MIT SALAT UND / ODER GEMÜSE

Seite 176

DESSERTS

FRÜCHTEKOMPOTT

Seite 238

EINE FRUCHT

ZARTBITTERSCHOKOLADE
(MIND. 72 % KAKAOGEHALT)

SNACKS

BÜNDNERFLEISCH MIT CHERRYTOMATEN

HÄHNCHEN-/TRUTHAHN-BRUST GESCHNITTEN MIT GEMÜSESTÄNGELN

HART GEKOCHTES EI

10 MACADAMIANÜSSE UNGESALZEN

10 HALBE WALNÜSSE

EIERMUFFINS

Seite 208

FREIZEIT & WOCHENENDE

ENTSPANNUNGS-TIPPS

Gute Tipps zum Entspannen für dein Wochenende oder deine Freizeit

Seite 83

ERNÄHRUNGSTIPPS & REZEPTE

Leckere Tipps und Rezepte für deine Freizeit und dein Wochenende

Seite 84

BEWEGUNG

Workouts und Tipps für deine eigenen Sportarten am Wochenende oder in deiner Freizeit

Seite 106

Tipp 1 / S. 266
Wie du richtig schläfst

TIPPS ZUM ENTSPANNEN

REZEPTETIPPS →

aktive Entspannung:

- Tanzen / einfach einmal laut Musik einstellen und lostanzen
- Rad fahren
- Skilanglauf
- Yoga
- Wandern
- Spazieren
- Schwimmen
- Meditieren
- Joggen
- Gartenarbeit
- Shopping
- Tauchen
- Klettern
- In der Schweiz: Vita Parcours
- Zoo / Tierpark
- Dehnen / Black Roll
- Reisen

passive Entspannung:

- Massage
- Sonne genießen / täglich 15 Minuten ohne Sonnencreme (wichtig für Vitamin-D-Bildung)
- Lichttherapie
- Farbtherapie / immer möglichst bewusst eine bestimmte Farbe betrachten
- Musik hören
- Familienleben: Musik hören, kuscheln mit den »Kindern«
- Nichts tun, auf dem Sofa liegen
- Lesen
- Sauna / Dampfbad / Whirlpool-Bad
- Schiffsrundfahrt
- Museumsbesuch
- Theater / Kino
- Zirkus
- Pedicure / Manicure
- Bad nehmen

kreativ sein:

- Basteln
- Stricken, nähen etc.
- Rätsel lösen
- Kochen
- Singen
- Malen / zeichnen
- Fotos bearbeiten
- Töpfern
- Dekorieren, einrichten

in Gesellschaft:

- Gesellschaftsspiele / in eine andere Welt abtauchen
- Singen im Chor
- Musik machen in einem Ensemble
- Helfen: Hilfswerk unterstützen, gemeinnützig tätig sein

MORGENS / MITTAGS

Brunch

ABENDS

Daheim

SUPPE

Seite 162

FLEISCH/FISCH/
HÄHNCHEN MIT GEMÜSE

Seite 156

GEMÜSELASAGNE

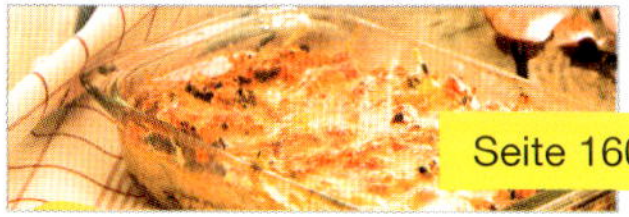

Seite 160

HÄHNCHENFLEISCH MIT
SCHARFER SAUCE

Seite 172

GRÜNES THAI-CURRY

Seite 164

DESSERTS

PUMPKIN PIE

Seite 234

BANANENEISCREME

Seite 240

FRÜCHTEKOMPOTT

Seite 238

SCHOKOLADENMOUSSE

Seite 232

SNACKS

BÜNDNERFLEISCH MIT CHERRYTOMATEN

10 MACADAMIANÜSSE UNGESALZEN

HÄHNCHEN-/TRUTHAHN-BRUST GESCHNITTEN MIT GEMÜSESTÄNGELN

10 HALBE WALNÜSSE

HART GEKOCHTES EI

SPORTLICH UNTERWEGS

ENTSPANNUNGS-TIPPS

Gute Tipps zum Entspannen, wenn du sportlich unterwegs bist

Seite 89

ERNÄHRUNGSTIPPS & REZEPTE

Leckere Tipps und Rezepte zum Nachkochen

Seite 90

BEWEGUNG

Gute Übungen, die du unterwegs und beim Sport nachmachen kannst

Seite 106

Tipp 5 / S. 269

Jasmin:
Wie versorge ich mich unterwegs?

TIPPS ZUM ENTSPANNEN

aktive Entspannung:

- Skilanglauf
- Wandern
- Joggen
- Tauchen
- Klettern
- Skaten
- In der Schweiz: Vita Parcours

passive Entspannung:

- Sonne genießen / täglich 15 Minuten ohne Sonnencreme (wichtig für Vitamin-D-Bildung)
- Farbtherapie / immer möglichst bewusst eine bestimmte Farbe betrachten
- Bad nehmen, nach dem Sport zur Erholung
- Dehnen / Black Roll

MORGENS

WAFFELN

Seite 204

PURE FOOD-MÜSLI

Seite 196

RESTE VOM ABENDESSEN

EIERMUFFINS

Seite 208

FRITTATA MIT SCHINKEN, GEMÜSE UND SÜSSKARTOFFELN

Seite 192

MITTAGS

Picknick unterwegs

GEGRILLT: FLEISCH/FISCH/GEMÜSE/FRÜCHTE

FRITTATA MIT SCHINKEN, GEMÜSE UND SÜSSKARTOFFELN

Seite 192

ABENDS

Daheim

SUPPE

Seite 162

GEGRILLT: FLEISCH/FISCH/GEMÜSE/FRÜCHTE

HAMBURGER OHNE BRÖTCHEN MIT SALAT UND/ODER GEMÜSE

Seite 176

DESSERTS

RÜEBLIMUFFINS

Seite 222

MACADAMIA-DATTEL-MAKRONEN

Seite 220

SNACKS

BÜNDNERFLEISCH MIT CHERRYTOMATEN

HÄHNCHEN-/TRUTHAHN-BRUST GESCHNITTEN MIT GEMÜSESTÄNGELN

HART GEKOCHTES EI

10 MACADAMIANÜSSE UNGESALZEN

10 HALBE WALNÜSSE

FEIERN & PARTYS

ENTSPANNUNGS-TIPPS

Gute Tipps zum Entspannen vor, während oder für deine Party

Seite 93

ERNÄHRUNGSTIPPS & REZEPTE

Leckere Tipps und Rezepte zum Nachkochen für deine Party

Seite 94

TIPPS ZUM ENTSPANNEN

REZEPTETIPPS ➜

aktive Entspannung:

- Tanzen/einfach einmal laut Musik einstellen und lostanzen
- Skaten/Rollschuhparty ☺
- Sportveranstaltung organisieren mit anschließender Feier

kreativ sein:

- Basteln
- Kochen
- Singen
- Dekorieren, einrichten

passive Entspannung:

- Farbtherapie/immer möglich bewusst eine bestimmte Farbe betrachten
- Musik hören

MORGENS / MITTAGS

Apéro-Häppchen

GUACAMOLE + GEMÜSECHIPS

Seite 216

GEMÜSESTÄNGEL MIT DIP

SASHIMI MIT GURKE

Seite 182

DATTELN IM SPECKMANTEL

Seite 212

ABENDS

Party daheim

SUPPE

Seite 162

CREVETTENCOCKTAIL IN AVOCADOHÄLFTE

Seite 214

FONDUE CHINOISE ODER BOURGUIGNON

GEGRILLT: FLEISCH/FISCH/GEMÜSE/FRÜCHTE

PURE FOOD-BEILAGEN/PASTA/STOCK/PÜREE/REIS

Seite 152

SASHIMI MIT GURKE

Seite 182

DESSERTS

FERIEN & URLAUB

ENTSPANNUNGS-TIPPS

Gute Tipps zum Entspannen für deine Ferien oder deinen Urlaub

Seite 97

ERNÄHRUNGSTIPPS & REZEPTE

Leckere Tipps und Rezepte für deine Ferien oder deinen Urlaub

Seite 98

BEWEGUNG

Workouts und Tipps, welche du im Urlaub oder in deinen Ferien umsetzen kannst

Seite 106

TIPPS ZUM ENTSPANNEN

REZEPTETIPPS →

aktive Entspannung:

- Tanzen/einfach einmal laut Musik einstellen und lostanzen
- Rad fahren
- Skilanglauf
- Yoga
- Wandern
- Spazieren
- Schwimmen
- Meditieren
- Joggen
- Shopping
- Tauchen
- Klettern
- Skaten
- In der Schweiz: Vita Parcours
- Zoo/Tierpark

passive Entspannung:

- Massage
- Sonne genießen/täglich 15 Minuten ohne Sonnencreme (wichtig für Vitamin-D-Bildung)
- Farbtherapie/immer möglichst bewusst eine bestimmte Farbe betrachten
- Musik hören
- Lesen
- Sauna/Dampfbad/Whirlpool-Bad
- Schiffsrundfahrt
- Pedicure/Manicure
- Bad nehmen

kreativ sein:

- Stricken, nähen etc.
- Rätsel lösen
- Kochen
- Singen
- Malen/Zeichnen
- Fotos bearbeiten
- Töpfern

in Gesellschaft:

- Gesellschaftsspiele/in eine andere Welt abtauchen

MORGENS

RÜHREI MIT SPECK UND GEDÄMPFTEN TOMATEN

Seite 200

OMELETTE GEFÜLLT MIT GEMÜSE UND FLEISCH / FISCH

Seite 188

Im Hotel

FRÜHSTÜCKSBUFFET IM HOTEL

Seite 51

HART GEKOCHTES EI

AUSWAHL VOM BUFFET IM RESTAURANT

Seite 51

MITTAGS

Im Hotel oder Restaurant

AUSWAHL VOM BUFFET IM RESTAURANT

Seite 51

SALAT / GEMÜSE MIT CREVETTEN / FISCHFILET / SCHNITZEL NATUR / HÄHNCHENBRUSTFILET

ABENDS

Im Hotel oder Restaurant

AUSWAHL VOM BUFFET IM RESTAURANT

Seite 51

FLEISCH / FISCH / HÄHNCHEN MIT GEMÜSE

Seite 156

DESSERTS

EXOTISCHE FRÜCHTE

FRÜCHTESORBET

AUSWAHL VOM BUFFET
IM RESTAURANT

Seite 51

SNACKS

BÜNDNERFLEISCH MIT CHERRYTOMATEN

HÄHNCHEN-/TRUTHAHN-BRUST GESCHNITTEN MIT GEMÜSESTÄNGELN

HART GEKOCHTES EI

10 MACADAMIANÜSSE UNGESALZEN

10 HALBE WALNÜSSE

FAMILIEN leben

ENTSPANNUNGS-TIPPS

Gute Tipps zum Entspannen für dich und deine Familie

Seite 101

ERNÄHRUNGSTIPPS & REZEPTE

Leckere Tipps und Rezepte zum Nachkochen mit deiner oder für deine Familie

Seite 102

BEWEGUNG

Workouts und Tipps, welche du mit deiner Familie gemeinsam umsetzen kannst

Seite 106

TIPPS ZUM ENTSPANNEN

REZEPTETIPPS

aktive Entspannung:

- Tanzen/einfach einmal laut Musik einstellen und lostanzen
- Rad fahren
- Wandern
- Spazieren
- Gartenarbeit
- Shopping
- Klettern
- Zoo/Tierpark
- Reisen

passive Entspannung:

- Sonne genießen/täglich 15 Minuten ohne Sonnencreme (wichtig für Vitamin-D-Bildung)
- Farbtherapie/immer möglichst bewusst eine bestimmte Farbe betrachten
- Familienleben: Musik hören, kuscheln mit den Kindern
- Nichts tun, auf dem Sofa liegen
- Lesen
- Schiffsrundfahrt
- Bad nehmen

kreativ sein:

- Basteln
- Musik machen
- Stricken, nähen etc.
- Rätsel lösen
- Backen, zusammen mit den Kindern
- Kochen
- Singen
- Malen/zeichnen
- Töpfern
- Dekorieren, einrichten

in Gesellschaft:

- Freunde treffen, plaudern, Zeit zusammen verbringen
- Sich um das Haustier kümmern
- Gesellschaftsspiele/ in eine andere Welt abtauchen

MORGENS

WAFFELN

Seite 204

PALEO-MÜSLI

Seite 196

RESTE VOM ABENDESSEN

EIERMUFFINS

Seite 208

MITTAGS

Daheim

HAMBURGER OHNE BRÖTCHEN MIT SALAT UND/ODER GEMÜSE

Seite 176

HÄHNCHENFLEISCH MIT SCHARFER SAUCE

Seite 172

FLEISCH/FISCH/ HÄHNCHEN MIT GEMÜSE

Seite 156

SÜSSKARTOFFELRÖSTI MIT BRATWUST ODER SPIEGELEI

Seite 168

PURE FOOD-BEILAGEN/ PASTA/STOCK/PÜREE/REIS

Seite 152

ABENDS

Daheim

SUPPE

Seite 162

GEMÜSELASAGNE

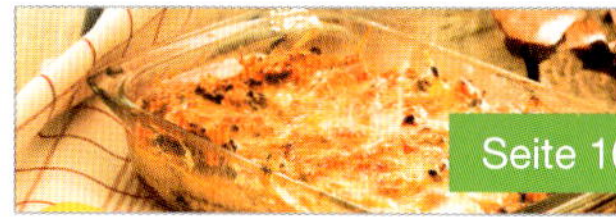

Seite 160

FLEISCH/FISCH/
HÄHNCHEN MIT GEMÜSE

Seite 156

FLEISCHPIZZA

Seite 158

SÜSSKARTOFFELRÖSTI MIT
BRATWUST ODER SPIEGELEI

Seite 168

DESSERTS

SCHOKOLADENKUCHEN

Seite 228

HEIDELBEERMUFFINS

Seite 224

MACADAMIA-DATTEL-MAKRONEN

Seite 220

HASELNUSS-SCHOKOLADEN-KUCHEN

Seite 236

EINE FRUCHT

SNACKS

BÜNDNERFLEISCH MIT CHERRYTOMATEN

HÄHNCHEN-/TRUTHAHN-BRUST GESCHNITTEN MIT GEMÜSESTÄNGELN

HART GEKOCHTES EI

10 MACADAMIANÜSSE UNGESALZEN

10 HALBE WALNÜSSE

EIERMUFFINS

Seite 208

bewegung & workouts

Es ist möglich, seine Gewohnheiten beizubehalten, wenn man im Kopf etwas umdenkt. Jeder kann seine Joggingrunde weiterhin laufen, seine Längen im Schwimmbad schwimmen oder seine Biketour beibehalten. Das Neue ist die Absicht, irgendwo im Training die hier beschriebenen kurzen, hoch intensiven Einheiten einzubauen und so etwas nachhaltig umzustellen, ohne größere Veränderungen in Kauf nehmen zu müssen.

Maximale Effekte und Auswirkungen werden eher erzielt, wenn man dreimal eine Einheit einbaut und bis an sein Limit geht, als wenn man fünf Einheiten weniger intensiv absolviert. Hier gilt die Devise: je intensiver, desto besser. Dennoch sollte jeder dort starten, wo er gerade steht, und sich dann langsam steigern.

Für Beginner empfehlen wir, diese Workouts zusammen mit einem Trainer einige Male zu absolvieren oder in der Gruppe zu starten.

Tipp 6 / S. 270

App-Tipps

Unterstütze dein Workout!

Der Kettlebell

Der Kettlebell, zu deutsch »Kugelhantel«, ist ein schmiede- oder gusseisernes Trainingsgewicht, das die Form einer Kugel besitzt und einen Griff hat.

Der Kettlebell wird für freies, funktionelles Gewichtstraining eingesetzt. Man nimmt an, dass erste Vorläufer des Kettlebells aus Russland stammen und im Zirkus als Programmbestandteil eingebaut wurden, um so die Stärke der Akrobaten zu zeigen. Unter www.kettlebell.de/geschichte.html kann die Geschichte des Kettlebells vom 18. Jahrhundert bis heute verfolgt und Bilder der Vorgänger heutiger Kettlebells angesehen werden.

Heute hat die Kugel je nach Hersteller 20–30 Zentimeter Durchmesser, ist typischerweise 4, 8, 12, 16, 24 oder 32 Kilogramm schwer und teilweise in verschiedenen Farben erhältlich. Die Kugelhanteln unterscheiden sich nicht nur durch unterschiedliche Gewichte und verschiedene Farben, sondern auch durch die Beschaffenheit der Oberfläche, den Abstand des Griffes zur Kugel und den Umfang des Griffes. Diese Unterschiede spielen für das Training eine Rolle, da beispielsweise ein dicker Griff die Griffkraft der Finger- und Handmuskeln intensiver trainiert.

Das Training mit Kettlebells ermöglicht ein dynamisches Ganzkörpertraining, das Kraft, Stabilität, Beweglichkeit, Koordination und Ausdauer gleichermaßen fördert. Häufig gezeigte Übungen mit der Kugelhantel sind das Schwingen (engl. swing) der Kugelhantel zwischen den Beinen, das ein- oder zweiarmig durchgeführt werden kann, das Reißen (engl. *snatch*), das Umsetzen (engl. *clean*) und das Stoßen (engl. *jerk*). Einer der Vorteile von Kettlebells ist, dass sie wenig Platz benötigen und mobil und vielseitig einsetzbar sind.

Im 21. Jahrhundert erlebte der Kettlebell vor allem in Amerika einen Boom, der nun auch zu uns hinüberschwappt. Es ist empfehlenswert, sich das Kettlebell-Training von einem Trainer zeigen zu lassen, um sich die korrekte Technik anzueignen.

S. 278

Testimonial
Daniela Della Mora

S. 280

Testimonial
Sandro Colletti

Infos zu Workouts:

Einsteiger

Takt 30/30

1 Min. = 30 Sek. Bewegung + 30 Sek. Pause

Fortgeschrittene

Takt 45/15

1 Min. = 45 Sek. Bewegung + 15 Sek. Pause

- 10 – **10 Minuten Workout**
- 20 – **20 Minuten Workout**
- ~~10~~ – **nicht ausführen**
- ~~20~~ – **nicht ausführen**

KETTLEBELL-WORKOUT

EINSTEIGER 30 / 30

10 Minuten:
2 Durchgänge

20 Minuten:
3 Durchgänge

Rotation Schulter (Aufwärmen)
Erschweren allgemein mit schwereren Gewichten.

10 20

Rotation Schulter (Aufwärmen)
Erschweren allgemein mit schwereren Gewichten.

10 20

Rotation Schulter (Aufwärmen)
Erschweren allgemein mit schwereren Gewichten.

10 20

Rotation Schulter (Aufwärmen)
Erschweren allgemein mit schwereren Gewichten.

10 20

Squats

10 20

Übung 2 / Abb. 2

Squats
Gerader Rücken. Knie und Fuß bilden eine Linie.

10 20

Übung 2 / Abb. 3

Squats
Erschweren mit 2 Kettlebells.

10 20

Übung 2 / Abb. 4

Squats
Erschweren mit 2 Kettlebells.

10 20

Übung 3 / Abb. 1

Swings

10 20

Übung 3 / Abb. 2

Swings

10 20

Übung 3 / Abb. 3

Swings

10 20

Übung 4/Abb.1

Schulterpresse

10 20

Übung 4/Abb.2

Schulterpresse

10 20

Übung 5/Abb.1

Schulterpresse
Erschweren mit 2 Kettlebells.

10 20

Übung 5/Abb.2

Schulterpresse
Erschweren mit 2 Kettlebells.

10 20

Übung 6/Abb.1

Ausfallschritt seitlich hin und her

10 20

Übung 6/Abb.2

Ausfallschritt seitlich hin und her
Stabiler Rumpf, keine Vorlage,
Rücken gerade halten.

10 20

Übung 7 / Abb.1

Deadlifts einbeinig

~~10~~ 20

Übung 7 / Abb.2

Deadlifts einbeinig
Rücken gerade halten.

~~10~~ 20

Übung 8 / Abb.1+2

Windmühle

~~10~~ 20

TRX-WORKOUT
EINSTEIGER

TRX-WORKOUT

EINSTEIGER 30 / 30

10 Minuten:
2 Durchgänge

20 Minuten:
2 Durchgänge

Abb. 1

Übung 1 / Abb. 1

Seitlicher Ausfallschritt

10 20

Übung 1 / Abb. 2

Seitlicher Ausfallschritt
So tief wie möglich abhocken. Oberschenkel und Füße zeigen in die jeweils selbe Richtung.

10 20

Übung 2 / Abb. 1

Seitlicher Ausfallschritt

10 20

Übung 2 / Abb. 2

Seitlicher Ausfallschritt
Stabile Rumpfrotation. Mit kleinen Bewegungen anfangen, dann vergrößern.

10 20

Ausfallschritt nach hinten
Stabile Rumpfrotation. Mit kleinen Bewegungen anfangen, dann größer werden.

~~10~~ 20

Erschweren mit Sprüngen. Gewicht auf vorderem Fuß. Knie über Fuß. Aufrechte Haltung. Hinteres Bein ausstrecken.

~~10~~ 20

Einbeinkniebeuge

10 20

Einbeinkniebeuge
Rücken gerade und stabil halten

10 20

Einbeinkniebeuge
Erschweren mit Sprüngen.

10 20

Liegestütz
Körperspannung halten.

10 20

Liegestütz
Erschweren mit Winkelveränderung (längere Seile). Ein Bein vom Boden weg.

10 20

Rudern
Körperspannung halten, erschweren mit Winkelveränderung mit längeren Seilen.

10 20

Rudern
Körperspannung halten, erschweren mit Winkelveränderung mit längeren Seilen.

10 20

Core Crunch / Plank
Gesäß spannen, Körperspannung halten, Mitte Ohr, Schultern, Hüfte und Fußgelenk bilden eine Linie.

10 20

Core Crunch / Plank
Evtl. nur 30 Sekunden halten, Gesäß in die Höhe.

10 20

Core Crunch / Plank
Zum Erschweren Beine gestreckt anziehen, Gesäß in die Höhe.

10 20

Rumpfrotation
Hüfte nach oben drücken.
Der Hand nachschauen, ganz ausdrehen.

Rumpfrotation
Ganz eindrehen,
ganzen Körper nach vorne ziehen.

Bizeps
Körperspannung halten.

Bizeps
Ellenbogen bleiben weg vom Körper.

Trizeps
Erleichtern, indem man am Boden stehen bleibt, Ellenbogen nahe beieinander.

Trizeps
Erleichtern, indem man am Boden stehen bleibt, Ellenbogen nahe beieinander.

HANTEL-WORKOUT

EINSTEIGER 30 / 30

10 Minuten:
2 Durchgänge

20 Minuten:
2 Durchgänge

Übung 1 / Abb. 1

Schulterheber-Rückenstrecker
Oberschenkel zeigen in gleiche Richtung wie Füße, gestreckte Arme, Bauch angespannt.

10 20

Übung 1 / Abb. 2

Schulterheber-Rückenstrecker
Oberschenkel zeigen in gleiche Richtung wie Füße, gestreckte Arme, Bauch angespannt.

10 20

Übung 2 / Abb. 1

Squat Curl / Bizeps Curl
Oberschenkel zeigen in gleiche Richtung wie Füße.

~~10~~ 20

Übung 2 / Abb. 2

Squat Curl / Biceps Curl

~~10~~ 20

Übung 3 / Abb. 1

Squat

10 ~~20~~

Übung 3/Abb.2

Squat
Oberschenkel zeigen in gleiche Richtung wie Füße.

10 20

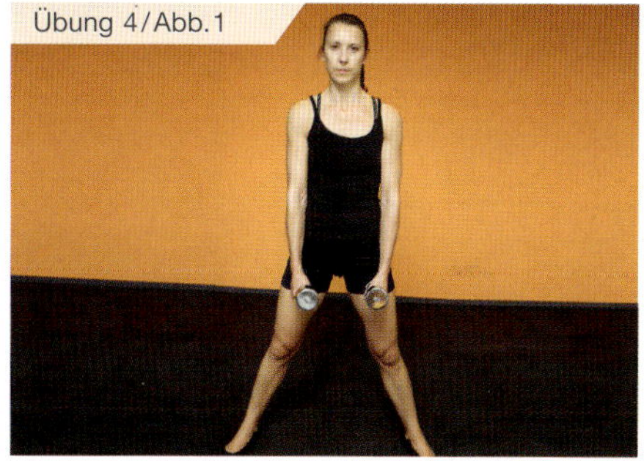

Übung 4/Abb.1

Biceps Curl

10 20

Übung 4/Abb.2

Biceps Curl

10 20

Übung 5/Abb.1

Deadlifts einbeinig

10 20

Übung 5/Abb.2

Deadlifts einbeinig
Gesäß spannen, gerader Rücken.

10 20

Übung 6/Abb.1

Ausfallschritt nach hinten
Rücken stabil, aufrechte Haltung.

10 20

Ausfallschritt nach hinten

10 20

Liegestütz-Rudern/Schultern tief, Ellenbogen gestreckt, Schulter, Hüfte, Fußgelenk eine Linie, Körperspannung halten.

10 20

Liegestütz-Rudern/Schultern tief, Ellenbogen anziehen, Schulter, Hüfte, Fußgelenk eine Linie, Körperspannung halten.

10 20

Brustpresse Gymball
Hüfte hochdrücken, Gesäß spannen.

10 20

Brustpresse mit Gymball
Hüfte hochdrücken, Gesäß spannen.

10 20

Ball Crunch
Schultern tief, Ellenbogen gestreckt, Schulter, Hüfte, Fußgelenk eine Linie.

10 20

Übung 9/Abb.2

Ball Crunch
Gesäß in die Höhe.

~~10~~ 20

Übung 10/Abb.1

Ausfallschritt seitlich hin und her
Aufrechte Haltung, Gesäß möglichst nahe am Boden.

~~10~~ 20

Übung 10/Abb.2

Ausfallschritt seitlich hin und her
Aufrechte Haltung, tief nach unten sitzen.

~~10~~ 20

WORKOUT OHNE HILFSMITTEL

EINSTEIGER

WORKOUT OHNE HILFSMITTEL

EINSTEIGER
30 / 30

10 Minuten:
2 Durchgänge

20 Minuten:
2 Durchgänge

Übung 1 / Abb. 1

Seitlich Ausfallschritt
Knie zeigt in gleiche Richtung wie Fuß.

10 20

Übung 1 / Abb. 2

Seitlich Ausfallschritt
Knie zeigt in gleiche Richtung wie Fuß.

10 20

Übung 2 / Abb. 1

Ausfallschritt

10 20

Übung 2 / Abb. 2

Ausfallschritt
Gewicht auf vorderem Fuß.

10 20

Übung 3 / Abb. 1

Brett mit Kniehub
Schultern tief, Ellenbogen gestreckt, Schulter, Hüfte, Fußgelenk in einer Linie, Körperspannung, Gesäßanspannen.

10 ~~20~~

Übung 3/Abb.2

Brett mit Kniehub

Schultern tief, Ellenbogen gestreckt, Schulter, Hüfte, Fußgelenk in einer Linie, Körperspannung, Gesäßanspannen.

10 ~~20~~

Übung 4/Abb.1

Dips

Schulter zurück.

10 20

Übung 4/Abb.2

Dips

Schulter zurück.

10 20

Übung 5/Abb.1

Plank seitlich halten

Wirbelsäule aufrecht

10 20

Übung 6/Abb.1

Plank

Schulter, Hüfte, Fußgelenke in einer Linie, erschweren durch Ellbogen anwinkeln und halten.

~~10~~ 20

Übung 7/Abb.1

Bauch sitzend

Gerader Rücken. Beine hochhalten.

~~10~~ 20

WORKOUT MIT GUMMIBAND

EINSTEIGER 30 / 30

10 Minuten:
2 Durchgänge

20 Minuten:
3 Durchgänge

Boxen
Aufrechte, stabile Haltung, Rumpf aktivieren.

10 20

Hocke tief
Mit gestreckten Armen aufstehen, aufrechte, stabile Haltung, Rumpf aktivieren.

10 20

Hocke tief
Mit gestreckten Armen aufstehen, aufrechte, stabile Haltung, Rumpf aktivieren.

10 20

Brustpresse
Aufrechte, stabile Haltung, Rumpf aktivieren.

10 20

Brustpresse
Aufrechte, stabile Haltung, Rumpf aktivieren.

10 20

Butterfly
Aufrechte, stabile Haltung, Rumpf aktivieren.

~~10~~ 20

Butterfly
Aufrechte, stabile Haltung, Rumpf aktivieren.

~~10~~ 20

Bauch seitlich
Lange Arme, Hüfte und Füße mitdrehen.

10 20

Bauch seitlich
Lange Arme, Hüfte und Füße mitdrehen.

10 20

Butterfly rückwärts
Gestreckte Arme nach außen,
aufrechte, stabile Haltung, Rumpf aktivieren.

~~10~~ 20

Butterfly rückwärts
Gestreckte Arme nach außen,
aufrechte, stabile Haltung, Rumpf aktivieren.

~~10~~ 20

Rudern
Ellenbogen nahe am Körper,
aufrechte, stabile Haltung, Rumpf aktivieren.

10 20

Rudern
Ellenbogen nahe am Körper,
aufrechte, stabile Haltung, Rumpf aktivieren.

10 20

Gestreckte Arme nach hinten
Aufrechte, stabile Haltung, Rumpf aktivieren.

~~10~~ 20

Gestreckte Arme nach hinten
Stabile Haltung, Rumpf aktivieren.

~~10~~ 20

Bauch
Zug von hinten, Arme nach oben,
aufrechte, stabile Haltung, Rumpf aktivieren.

~~10~~ 20

Übung 9/Abb.2

Bauch
(Zug von hinten) Arme nach oben,
Aufrechte Haltung, keine Vorlage.

10 20

KETTLEBELL WORKOUT

FORTGESCHRITTENE

KETTLEBELL WORKOUT

FORTGESCHRITTENE 45 / 10

10 Minuten:
2 Durchgänge

20 Minuten:
3 Durchgänge

Übung 1/Abb.1

Rotation Schulter (Aufwärmen)
Erschweren allgemein mit schwereren Gewichten.

10 20

Übung 1/Abb.2

Rotation Schulter (Aufwärmen)
Erschweren allgemein mit schwereren Gewichten.

10 20

Übung 1/Abb.3

Rotation Schulter (Aufwärmen)
Erschweren allgemein mit schwereren Gewichten.

10 20

Übung 1/Abb.4

Rotation Schulter (Aufwärmen)
Erschweren allgemein mit schwereren Gewichten.

10 20

Übung 2/Abb.1

Squat

10 ~~20~~

Squat
Gerader Rücken, Knie und Fuß bilden eine Linie.

10 20

Swings

10 20

Swings

10 20

Swings

10 20

Squat (2 Kettlebells)

10 20

Squat (2 Kettlebells)

10 20

Übung 5/Abb.1

Squat Press

~~10~~ 20

Übung 5/Abb.2

Squat Press

~~10~~ 20

Übung 6/Abb.1

Overhead Press

10 ~~20~~

Übung 6/Abb.2

Overhead Press

~~10~~ 20

Übung 7/Abb.1

Ausfallschritt seitlich hin und her / seitlich wiegen

10 20

Übung 7/Abb.2

Ausfallschritt seitlich hin und her / seitlich wiegen

10 20

Deadlifts einbeinig
Gerader Rücken.

10 20

Deadlifts einbeinig
Gerader Rücken.

10 20

Windmühle

10 20

Windmühle

10 20

TRX-WORKOUT

FORTGESCHRITTENE

TRX-WORKOUT

FORTGESCHRITTENE 45 / 10

10 Minuten:
2 Durchgänge

20 Minuten:
2 Durchgänge

Abb. 1

Übung 1 / Abb. 1

Seitlicher Ausfallschritt

10 20

Übung 1 / Abb. 2

Seitlicher Ausfallschritt
Gesäß so weit wie möglich Richtung Boden drücken. Oberschenkel zeigt in Richtung des Fußes.

10 20

Übung 2 / Abb. 1

Seitlicher Ausfallschritt

~~10~~ 20

Übung 2 / Abb. 2

Seitlicher Ausfallschritt
Mit kleinen Bewegungen anfangen, dann vergrößern.

~~10~~ 20

Übung 3/Abb.1

Ausfallschritt über Kreuz

10 20

Übung 3/Abb.2

Ausfallschritt über Kreuz

10 20

Übung 4/Abb.1

Einbeinkniebeuge

10 20

Übung 4/Abb.2

Einbeinkniebeuge
Rücken gerade und stabil halten.

10 20

Übung 4/Abb.3

Einbeinkniebeuge
Erschweren mit Sprüngen.

10 20

Übung 5/Abb.1

Liegestütz
Körperspannung halten.

10 20

Übung 5/Abb.2

Liegestütz

Körperspannung halten, erschweren mit Winkelveränderung mit längeren Seilen.

10 20

Übung 6/Abb.1

Rudern

Körperspannung halten, erschweren mit Winkelveränderung mit längeren Seilen.

10 20

Übung 6/Abb.2

Rudern

Körperspannung halten, erschweren mit Winkelveränderung mit längeren Seilen.

10 20

Übung 7/Abb.1

Plank/Core Crunch

Gesäß spannen, Körperspannung halten, Mitte Ohr, Schulter, Hüfte und Fußgelenk eine Linie.

10 20

Übung 7/Abb.2

Plank/Core Crunch

10 20

Übung 8/Abb.1

Bizeps

Ellenbogen bleiben weg vom Körper.

~~10~~ 20

Bizeps
Ellenbogen bleiben weg vom Körper.

Trizeps
Erleichtern, indem man am Boden steht, Ellenbogen nahe beieinander.

Trizeps
Erleichtern, indem man am Boden steht, Ellenbogen nahe beieinander.

Rumpfrotation
Ganz eindrehen, ganzen Körper nach vorne ziehen.

Rumpfrotation
Ganz eindrehen, ganzer Körper nach vorne ziehen.

HANTEL-WORKOUT

FORTGESCHRITTENE 45 / 10

10 Minuten:
2 Durchgänge

20 Minuten:
3 Durchgänge

Übung 1/Abb. 1

Squat zur Schulterpresse
Oberschenkel zeigen in gleiche Richtung wie Füße.

10 20

Übung 1/Abb. 2

Squat zur Schulterpresse
Stabiler Rumpf.

10 20

Übung 2/Abb. 1

Einarmiger Überkopf-Ausfallschritt
Stabiler Rumpf.

10 20

Übung 2/Abb. 2

Einarmiger Überkopf-Ausfallschritt

10 20

Übung 3/Abb. 1

Schulterheber seitlich
Stabiler Rumpf, gestreckte Arme.

10 20

Übung 3/Abb.2

Schulterheber seitlich
Stabiler Rumpf/gestreckte Arme.

10 20

Übung 4/Abb.1

Ausfallschritt seitlich hin und her
Aufrechte Haltung, Gesäß möglichst nahe am Boden.

~~10~~ 20

Übung 4/Abb.2

Ausfallschritt seitlich hin und her
Aufrechte Haltung, Gesäß möglichst nahe am Boden.

~~10~~ 20

Übung 5/Abb.1

Einarmiges Rudern
Gesäß spannen, gerader Rücken.

~~10~~ 20

Übung 5/Abb.2

Einarmiges Rudern
Gesäß spannen, gerader Rücken

~~10~~ 20

Übung 6/Abb.1

Rudern in Liegestützposition

10 ~~20~~

Rudern in Liegestützposition

10 ~~20~~

Brustpresse mit Gymball
Hüfte hochdrücken, Gesäß spannen.

10 20

Brustpresse mit Gymball
Hüfte hochdrücken, Gesäß spannen.

10 20

Ball Crunch
Schulter tief, Ellenbogen gestreckt,
Schulter, Hüfte, Fußgelenk eine Linie.

~~10~~ 20

Ball Crunch
Gesäß in die Höhe.

~~10~~ 20

WORKOUT OHNE HILFSMITTEL

FORTGESCHRITTENE

WORKOUT OHNE HILFSMITTEL

FORTGESCHRITTENE 45 / 10

10 Minuten:
2 Durchgänge

20 Minuten:
3 Durchgänge

Übung 1 / Abb. 1

Seitlicher Ausfallschritt auf Treppe

10 20

Übung 1 / Abb. 2

Seitlicher Ausfallschritt auf Treppe
Stabiler Rumpf, mit kleinen Bewegungen anfangen, dann vergrößern.

10 20

Übung 2 / Abb. 1

Einbeinkniebeuge

10 20

Übung 2 / Abb. 2

Einbeinkniebeuge
Gewicht auf vorderem Fuß, Knie über Fuß.

10 20

Übung 2 / Abb. 3

Einbeinkniebeuge
Abspringen, in der Luft Knie anziehen, weich landen.

10 20

Schulterpresse

~~10~~ 20

Schulterpresse

~~10~~ 20

Sprünge
Explosiv hochspringen, hinuntersteigen.

~~10~~ 20

Sprünge
Explosiv hochspringen, hinuntersteigen.

~~10~~ 20

Seitlicher Ausfallschritt
Knie zeigt in gleiche Richtung wie Fuß.

10 ~~20~~

Seitlicher Ausfallschritt
Knie zeigt in gleiche Richtung wie Fuß.

10 ~~20~~

Ausfallschritt nach hinten

10 ~~20~~

Ausfallschritt nach hinten
Gewicht auf vorderem Fuß.

10 ~~20~~

Liegestütze mit erhöhten Füßen
Schulter, Hüfte und Fußgelenk in einer Linie.

10 20

Liegestütze mit erhöhten Füßsen
Schulter, Hüfte und Fußgelenk in einer Linie.

10 20

Sprinterstart
Sprinterstart, Gewicht auf vorderem Fuß mit Vorlage, starker Rücken.

10 ~~20~~

Sprinterstart

10 ~~20~~

Übung 9/Abb.1

Plank
Schulter tief, Ellenbogen gestreckt, Schulter, Hüfte, Fußgelenk in einer Linie, Körperspannung, Gesäß anspannen.

10 20

Übung 9/Abb.2

Plank
Schulter tief, Ellenbogen gestreckt, Schulter, Hüfte, Fußgelenk in einer Linie, Körperspannung, Gesäß anspannen.

10 20

Übung 10/Abb.1

Bauch sitzend
Gerader Rücken. Beine hochhalten.

10 20

WORKOUT MIT GUMMIBAND
FORTGESCHRITTENE

WORKOUT MIT GUMMIBAND

FORTGESCHRITTENE 45 / 10

10 Minuten:
2 Durchgänge

20 Minuten:
3 Durchgänge

Abb. 1

Übung 1 / Abb. 1

Boxen
Aufrechte, stabile Haltung, Rumpf aktivieren.

~~10~~ 20

Übung 2 / Abb. 1

Hocke tief
Mit gestreckten Armen aufstehen, aufrechte, stabile Haltung, Rumpf aktivieren.

10 20

Übung 2 / Abb. 2

Hocke tief
Mit gestreckten Armen aufstehen, aufrechte, stabile Haltung, Rumpf aktivieren.

10 20

Übung 3 / Abb. 1

Rudern
Ellenbogen nach außen, aufrechte, stabile Haltung, Rumpf aktivieren.

10 ~~20~~

Rudern
Ellenbogen nach außen, aufrechte, stabile Haltung, Rumpf aktivieren.

10 ~~20~~

Brustpresse
Aufrechte, stabile Haltung, Rumpf aktivieren.

10 20

Brustpresse
Aufrechte, stabile Haltung, Rumpf aktivieren.

10 20

Butterfly rückwärts
Ausfallschritt, gestreckte Arme nach außen, aufrechte, stabile Haltung, Rumpf aktivieren.

10 20

Butterfly rückwärts
Ausfallschritt, gestreckte Arme nach außen, aufrechte, stabile Haltung, Rumpf aktivieren.

10 20

Rudern
Ellenbogen nahe am Körper, aufrechte, stabile Haltung, Rumpf aktivieren.

~~10~~ 20

Rudern
Ellenbogen nahe am Körper,
aufrechte, stabile Haltung, Rumpf aktivieren.

~~10~~ 20

Butterfly
Aufrechte, stabile Haltung, Rumpf aktivieren.

10 20

Butterfly
Aufrechte, stabile Haltung, Rumpf aktivieren.

10 20

Gestreckte Arme nach hinten
Aufrechte, stabile Haltung, Rumpf aktivieren.

~~10~~ 20

Gestreckte Arme nach hinten
Stabile Haltung, Rumpf aktivieren.

~~10~~ 20

Rumpf Rotation
Lange Arme, Hüfte und Füße mitdrehen.

~~10~~ 20

Rumpf Rotation
Lange Arme, Hüfte und Füße mitdrehen.

~~10~~ 20

Bauch (Zug von hinten)
Arme nach oben, aufrechte, stabile Haltung, Rumpf aktivieren.

10 20

Bauch (Zug von hinten)
Arme nach oben, aufrechte Haltung, keine Vorlage.

10 20

FAMILIEN-FUN-TRAINING

JOGGEN, SPRINTEN, SCHWIMMEN ETC.

Level 1:

- 3 Min. Warm-up (easy-going)
- 30 Sek. Vollgas
- 90 Sek. Pause
- 3×, 1 Min. Cooldown

Level 2:

- 3 min Warm-up (easy-going)
- 30 Sek. Vollgas
- 90 Sek. Pause
- 5×, 1 Min. Cooldown

Level 3:

- 3 Min. Warm-up (easy-going)
- 30 Sek. Vollgas
- 90 Sek. Pause
- 8×, 1 Min. Cooldown

FAMILIEN-FUN-TRAINING

20 Minuten

Zu Beginn ein leichtes Jogging von 5–10 Min. Kinder haben gerne ein zusätzliches Spielzeug dabei.

Um die Balance zu verbessern: Flieger-Position, das hintere Bein so hoch wie möglich nehmen und die Position zweimal 20–40 Sek. pro Bein halten.

Brett: Rumpf-Stabilität und Armkraft. Liegestütz-Position einnehmen, Arme bis ca. 90-Grad-Winkel biegen. Diese Position 2×20–40 Sek. halten. Achtung: kein Hohlkreuz!

Einbein-Kniebeuge für Oberschenkel und Po: Der Rücken bleibt auch in der Vorlage gerade.

5

Mehr Vorlage = mehr Po, aufrechter = mehr Oberschenkel.
2×20 Wiederholungen pro Bein.

6

Klimmzug: 2×5–10 Wiederholungen. Stärkt Arme und Rücken.

7

Evtl. einen Ast suchen, der so hängt, dass man sich mit den Füßen vom Boden abstoßen kann.

8

Auf eine Bank springen. Verbesserung der Schnellkraft.
Hoch springen, hinunter steigen.

Fortgeschrittene: Hoch- und runterspringen. 2×10–15 Sprünge.

2×10–15 Liegestütze …

… eventuell mit Zusatzgewicht.

Paddelboot für den Bauch: mit geradem Rücken und in die Rücklage, Beine in die Luft und Paddelboot fahren. Achtung: kein Rundrücken! 2×60 Sek. mit kurzer Pause.

Hauptspeisen

Maßangaben
S. 273

1. pure food-Beilagen
2. Kurzgebratenes Fleisch, Geflügel, Fisch und gedämpftes Gemüse
3. Fleischpizza
4. Gemüselasagne
5. Gemüsesuppe
6. Grünes Thai-Curry
7. Süßkartoffelrösti mit Bratwurst oder Spiegelei
8. Hähnchenfleisch mit scharfer Sauce
9. Auberginen-Hamburger
10. Kimchi
11. Sashimi mit Gurke

Mit Video

PURE FOOD-BEILAGEN

SÜSSKARTOFFELSTOCK

Zutaten für 4 Personen:

6 Süßkartoffeln
2 Karotten
5 EL Gemüsebouillon
½ EL Olivenöl
Muskatnuss
Salz

Süßkartoffeln und Karotten schälen und in feine Würfel schneiden. Wasser aufkochen und salzen. Würfel beigeben, 20 Minuten weich kochen und Wasser abschütten. Gekochte Würfel mit Gemüsebouillon fein pürieren. Mit Olivenöl verfeinern und mit Salz und Muskatnuss abschmecken.

Alternativen:

Blumenkohlpüree: 600 g Blumenkohl statt Süßkartoffeln
Pastinakenpüree: 600 g Pastinaken statt Süßkartoffeln
(Pastinaken 40 Minuten weich kochen)

BLUMENKOHL-REIS

Zutaten für 4 Personen:
1 Blumenkohl
1 EL Kokosfett (alternativ Ghee oder Butter)
Meersalz
Schwarzer Pfeffer
Frischer Koriander, fein geschnitten

Zubereitung:

Blumenkohl von Blättern und Strunk befreien.

Blumenkohl in Stücke schneiden.

In Küchenmaschine geben und zerkleinern, bis die Stückchen die Größe von Reiskörnern haben (Blumenkohl kann auch mit einer Küchenraffel von Hand gerieben werden).

In einer großen Bratpfanne Fett schmelzen, bei mittlerer Hitze Blumenkohl-Reis zugeben, mit Salz und Pfeffer würzen.

3–5 Minuten rührbraten, bis der Reis durchgebraten, jedoch noch nicht weich ist.

Geschnittenen Koriander darüberstreuen.

Kochvideo

Alternativen

- Sehr klein gewürfeltes Gemüse andämpfen und dann rohen Blumenkohl-Reis dazugeben.
- Blumenkohl-Reis auf Teller anrichten und Spiegeleier darüber geben.
- Zusätzlich Speck oder Schinkenstückchen mitbraten und ein Rührei unter den fertigen Reis mischen.
- Klein geschnittene Zwiebeln und / oder Knoblauch im Fett weich dämpfen und dann Blumenkohl-Reis dazugeben.
- Ohne Zwiebeln, Knoblauch und Gemüse zubereiten und als Beilage zu Curry-Gerichten servieren.
- Blumenkohl-Reis (ungekocht) als Basis für einen »Reis-Salat« verwenden.

SÜSSKARTOFFELNUDELN

(Rezept aus dem Buch »Sweet Potatoe Power« von Ashley Tudor)

Zutaten für 4 Personen:

2 längliche Süßkartoffeln mittlerer Größe
1–2 EL Ghee/Butterreinfett oder Kokosfett
6–10 frische Salbeiblätter
Salz
Pfeffer

Zubereitung:

Süßkartoffeln schälen, der Länge nach in 1 cm dicke Scheiben schneiden, die Scheiben in dünne (2 mm) Streifen schneiden.

Pfanne erhitzen, Fett zugeben und Salbeiblätter knusprig braten. Salbeiblätter aus der Pfanne nehmen und zur Seite stellen.

Süßkartoffelstreifen in die heiße Pfanne geben, Hitze reduzieren und weich dünsten.

Vorsichtig wenden und nur so lange dünsten, bis die Streifen heiß und ein bisschen weich sind.

Kochvideo

Alternativen:

- Anstelle von Salbei kann Basilikum oder Rosmarin verwendet werden.
- Klein geschnittenen gebratenen Speck darüber geben.
- Anstelle von Kräutern Tomatensauce zu den Nudeln servieren.
- Kräuter durch eine feine Carbonarasauce ersetzen und zu den Nudeln servieren.

Serviervorschläge:

- Als Beilage zu kurzgebratenem Fleisch servieren (nächstes Rezept).
- Spiegeleier auf die Nudeln geben.

Die Süßkartoffel

Die Süßkartoffel (*Ipomoea batatas*, auch »Batate« oder »Knollenwinde« genannt) stammt aus Südamerika und gehört zu den Windengewächsen (*Convolvulaceae*). Die bei uns bekannte Kartoffel dagegen ist ein Nachtschattengewächs. Diese bilden eine ganz andere botanische Familie, zu denen zum Beispiel auch die Tomate und die Aubergine gehören.

Süßkartoffeln sind eine gute Quelle für Mineralstoffe und Vitamine. Mangan, Folat (natürliche Folsäure), Kupfer und Eisen sind reichlich in der rosa Knolle enthalten, dazu die Vitamine C, B_2, B_6 und E sowie Biotin (Vitamin H) und viele hochwertige Ballaststoffe. Die Süßkartoffel hat mehr Ballaststoffe als die normale Kartoffel und sättigt daher auch länger.

Im Gegensatz zu den einfachen, schnell verbrennbaren Kohlenhydraten der Kartoffel regulieren die komplexen Kohlenhydrate der Süßkartoffel den Blutzuckerspiegel. Dies ist ein wichtiger Faktor, wenn das Ziel Gewichtsabnahme ist.

Die Süßkartoffel ist nicht nur der normalen Kartoffel überlegen, sie ist auch allen Getreideformen (Weizen, Mais, Reis etc.) vorzuziehen. Warum? Getreide enthält Anti-Nährstoffe, welche Entzündungen im Körper verursachen. Die Süßkartoffel dagegen wirkt stark entzündungshemmend. Sie kann Entzündungen reduzieren und das Immunsystem stärken.

Sowohl in der Schale als auch im Inneren der Süßkartoffel werden verschiedene Carotinoide und Anthocyanine abgelagert, sodass die Färbung zwischen weiß, gelb, orange, rosa oder violett variieren kann. Die rotfleischigen Knollen besitzen die besten Kocheigenschaften und das intensivste Aroma. Die Knollen werden ähnlich wie Kartoffeln gewaschen und gegebenenfalls geschält, gekocht, gebacken, frittiert, überbacken oder gebraten. Man kann die Süßkartoffel auch roh essen.

Gebackene Süßkartoffeln gehören zum traditionellen Truthahn-Menü, das in den USA zu Thanksgiving gegessen wird. In der asiatischen Küche, vor allem in Korea, werden Süßkartoffeln oft verwendet. Auch Nudeln werden häufig daraus hergestellt. In Japan werden Süßkartoffeln vor allem für Süßspeisen wie den *Yokan* verwendet.

Mit Video

Basisrezept

Fleisch, Geflügel, Fisch und gedämpftes Gemüse

Zutaten für 4 Personen:

4 Schnitzel aus Bio-Rind- oder Kalbfleisch, Bio-Hähnchenbrustfilets oder Bio-Fischfilets
1 kg Bio-Gemüse der Saison
4 EL Ghee / Butterreinfett oder Kokosfett
2 EL frische Kräuter
Salz
Pfeffer
Chilipulver (optional)

Zubereitungszeit:

30 Minuten

Zubereitung:

Gemüse mit längerer Garzeit (z. B. Karotten, Sellerie, Rote Bete) in kleine, Gemüse mit kürzerer Garzeit in größere Stücke schneiden (z. B. Zucchini, Kürbis, Aubergine, Tomate) Alle Stücke sollten ungefähr gleich lang brauchen, bis sie gar sind.

Großen Kochtopf auf den Herd stellen, 2 Eßlöffel Fett in den kalten Topf geben, Gemüsestücke mit den klein geschnittenen Kräutern hineingeben.

Den Deckel auf den Topf legen und erst dann den Herd auf mittlere Hitze einstellen. Gemüse 15 Minuten im Topf garen, ohne dabei den Deckel abzuheben.
Von Zeit zu Zeit (ohne den Deckel zu entfernen) den Inhalt im Topf durchrütteln, damit das Fett sich schön verteilt und nichts anbrennt. Zischt es stark aus dem Topf, Hitze reduzieren. Durch diese schonende Zubereitung bleiben viele Vitamine erhalten.

In der Zwischenzeit das Fleisch plattieren. Dazu das Schnitzel oder Hähnchenbrustfilet in einen durchsichtigen Plastiksack oder zwischen zwei Klarsichtfolien geben und mit der Unterseite einer Pfanne dünn schlagen.

Kochvideo

Alternativen

- Mit tiefgefrorenem, bereits gerüstetem Gemüse kann Zeit gespart werden.
- Nur eine Gemüsesorte verwenden.
- Weniger Gemüse nehmen und dafür eine Beilage reichen, z. B. Blumenkohl-Reis, Blumenkohl-Püree, Süßkartoffel-Nudeln, Süßkartoffel-Püree oder Salat.

Damit erreicht man, dass die Bratzeit reduziert und das Fleisch zarter wird. Fisch bitte nicht plattieren! Fleisch / Hähnchen / Fisch würzen.

Bratpfanne mit 2 Esslöffeln Fett erhitzen (mittlere bis hohe Temperatur), Filet in die Pfanne geben und auf beiden Seiten nur 2–3 Minuten braten.

Achtung: Hähnchen muss unbedingt ganz durchgebraten sein! Bei anderem Fleisch darf das Filet in der Mitte noch leicht rosa, bei Fisch glasig sein. Jetzt sollte auch das Gemüse knackig gegart sein und schon fein duften.

Gemüse zusammen mit dem Filet anrichten.

FLEISCHPIZZA

ZUTATEN FÜR 4 PERSONEN:

500 g gehacktes Rindfleisch
4 Tomaten
½ Zwiebel
2 Zucchini
2–4 Knoblauchzehen
2 Zweige Basilikum
2 EL Olivenöl
200 g Parmesan oder Sbrinz aus Rohmilch (optional)

Gratinschale oder Backblech mit Backpapier auslegen oder einfetten.

Rindfleisch in eine Schüssel geben,
Tomaten und Zucchini in Würfel schneiden und beigeben.

Zwiebel, Knoblauch und Basilikum fein hacken und hinzufügen.

Mit Olivenöl mischen und mit Salz und Pfeffer würzen.

In Gratinschale füllen und mit geriebenem Parmesan oder Sbrinz bestreuen.

Im Ofen bei 165 °C 30 Minuten überbacken.

Sobald das Fleisch gar ist, Fleischpizza aus dem Ofen nehmen und leicht auskühlen lassen.
In Stücke schneiden und essen.

Gemüse-lasagne

Zubereitung:

Olivenöl in Bratpfanne erhitzen und Hackfleisch anbraten.

Mit Salz und Pfeffer würzen, mit Bratensauce angießen und 10 Minuten durchkochen lassen.

Karotten, Pfälzer und Peperoni in kleine Würfel schneiden und in kochendem Salzwasser weich kochen.

Tomaten in Würfel schneiden und in einer Pfanne mit Olivenöl andünsten.

Mit Salz und Pfeffer würzen.

Etwas Honig und Kokosmilch beigeben.

Tomaten zugedeckt 15 Minuten einkochen lassen und zum Hackfleisch geben.

Gemüsewürfel beigeben und gut abschmecken.
Auberginen schälen oder gut waschen und in dünne Scheiben schneiden.

Auberginen und Hackfleisch-Gemüseragout abwechselnd in eine Gratinform schichten, mit einer Gemüseschicht abschließen, Sbrinz oder Parmesan darüber reiben und im Ofen bei 165 °C 35 Minuten gratinieren.

Zutaten für 4 Personen:

300 g Hackfleisch
2 dl Bratensauce
100 g Karotten
100 g Pfälzer
100 g rote Peperoni
100 g gelbe Peperoni
200 g Tomaten

1 dl Kokosmilch
1 TL Honig
1 EL Olivenöl
2 Auberginen
Salz
Pfeffer
150 g Parmesan oder Sbrinz aus Rohmilch (optional)

Gemüsesuppe

Zutaten für 4 Personen:

1 l Wasser
500 g saisonales Bio-Gemüse
(eine Sorte oder verschiedene Sorten)
1–2 EL Bio-Gemüsebouillon-Pulver
Pfeffer
Frische Kräuter
Kokosmilch (optional)

Zubereitungszeit: 20 Minuten
Garzeit: 20 Minuten
Vorspeise für 4 Personen
Hauptspeise für 2 Personen

Zubereitung:

Gemüse rüsten und in Würfel schneiden. Gemüse, Bouillon und Wasser in einen Kochtopf geben. Wasser zum Kochen bringen und Hitze reduzieren, sodass es nur noch leicht köchelt, bis das Gemüse gar ist.

Kochtopf vom Herd nehmen und mit einem Stabmixer das Gemüse im Topf pürieren.

Jetzt die Suppe mit Pfeffer und Kräutern abschmecken. Falls gewünscht, mit Kokosmilch verfeinern und servieren.

WINTERVARIANTE

Süßkartoffeln gewürzt mit Koriander.

SOMMERVARIANTE

Tomaten mit frischem Basilikum.

HERBSTVARIANTE

Kürbis gewürzt mit Zimt und Muskat.

FRÜHLINGSVARIANTE

Spargel mit vielen frischen Kräutern.

Serviervorschläge:

- Mittags oder abends als Vorspeise servieren.
- Mit gekochten oder gebratenen Fleischstückchen ergänzen und als Hauptspeise servieren.

GRÜNES THAI-CURRY

ZUTATEN FÜR 4 PERSONEN:

500–600 g Pouletfleisch,
je nach Belieben Pouletbrust oder Pouletschenkel (Fleisch mit Knochen gart natürlich länger)
500 g Thai-Auberginen
(Man kann auch die herkömmliche große violette Aubergine verwenden)
1 Bund Thai-Basilikum
6 Stiele mit frischen Pfefferkörnern
1 TL Salz
2 Dosen Kokosmilch à 400 ml
½ Glas Wasser bzw. ca. 125 ml Wasser
3 EL Olivenöl
2 rote Thai-Chilischoten
2 gehäufte EL grüne Currypaste

ZUBEREITUNG:

- Thai-Auberginen waschen und in mundgerechte Stücke schneiden.
- Thai-Basilikum waschen und Blätter abzupfen.
- Pouletfleisch je nach Belieben in mundgerechte Stücke schneiden. Man kann das Fleisch auch in Streifen schneiden. (Wer Hähnchenschenkel bevorzugt, überspringt den zuvor genannten Punkt. Zu beachten ist außerdem, dass Fleisch mit Knochen oder größere Stücke allgemein etwas länger kochen müssen.)
- Die Currypaste im Olivenöl kurz und scharf anbraten, dann das Fleisch hinzugeben und alles zusammen für 5 Minuten auf mittlerer bis hoher Stufe anbraten. (Am besten gelingt das Curry im Wok, eine hohe, große Bratpfanne eignet sich jedoch auch.)
- Dann die Kokosmilch hinzugeben und das Ganze 10 Minuten auf mittlerer Stufe köcheln.
- Danach gibt man die Thai-Auberginen hinzu.
- Nach 10 weiteren Minuten abschmecken.
- Bei Bedarf nachsalzen. Sollte das Curry zu sehr eindicken, einfach etwas Wasser hinzugeben.
- Nun gibt man die Stiele mit den frischen Pfefferkörnern dazu.
- Alles auf kleiner Stufe köcheln lassen, bis das Gemüse gar ist.
- Bevor der Curry vom Herd genommen wird, die Basilikumblätter hinzugeben. Diese dürfen nicht mehr kochen, sondern sollen dem warmen Curry nur noch etwas Aroma verleihen. Zur Dekoration Chili in schmale Ringe schneiden und auf Gericht legen.
- Das Curry sofort servieren!

S. 272
Meine absolute thailändische Leibspeise

SÜSSKARTOFFELRÖSTI

mit Bratwurst oder Spiegelei

S. 155
Die Süßkartoffel

ZUTATEN FÜR 4 PERSONEN:

6 mittlere Süßkartoffeln
Bio-Bratwürste (Kalb oder Schwein)
1 Eigelb
Salz
Pfeffer
3 EL Kokosöl
2 dl Bratensauce
½ Zwiebel

ZUBEREITUNG:

- Süßkartoffeln in kochendem Salzwasser weich kochen, auskühlen lassen, schälen und mit Röstiraffel raspeln.
- Eigelb verquirlen, mit Süßkartoffeln mischen und mit Salz und Pfeffer würzen.
- In einer heißen Bratpfanne mit Kokosöl beidseitig jeweils 8 Minuten goldbraun braten.
- Bio-Bratwürste in einer separaten Pfanne in Kokosöl glasig dünsten und weitere 4 Minuten anbraten.
- Zwiebeln in feine Scheiben schneiden und in Kokosöl anbraten und 4 Minuten weiter braten.
- Bratensauce beigeben, 3 Minuten durchkochen. 4 Bio-Bratwürste vom Kalb oder Schwein beigeben und zu den Rösti servieren.

Hähnchenfleisch mit scharfer Sauce

Zubereitung:

- Champignons in Scheiben schneiden.
- Kokosöl in Bratpfanne erhitzen. Hähnchenfleisch darin anbraten, dabei mehrmals wenden.
- 6 Minuten braten.
- Champignons beigeben und weitere 4 Minuten mitbraten.
- Mit Chilipulver, Salz und Pfeffer abschmecken.
- Bratensauce beigeben und 2 Minuten durchkochen lassen.

Beilagentipp
Süßkartoffelstock
S. 152

Zutaten für 4 Personen:

- 600 g frisches Hähnchenfleisch (in mundgerechte Stücke geschnitten)
- 1 EL Kokosöl
- Salz
- Pfeffer
- Chilipulver
- 200 g frische Champignons
- 3 dl Bratensauce

AUBERGINEN-HAMBURGER

ZUTATEN FÜR 4 PERSONEN:

4 Rindshamburger (à 160 g)
2 Auberginen
½ Kopfsalat
½ Gurke
2 Tomaten
4 Datteln
1 Limette
2 EL Mayonnaise
2 EL Olivenöl

ZUBEREITUNG:

Rindshamburger in Olivenöl beidseitig goldbraun braten.

Auberginen der Breite nach in jeweils 4 Stücke schneiden und im selben Olivenöl beidseitig 5 Minuten braten.

Kopfsalat waschen und fein zupfen. Gurke und Tomaten in feine Scheiben schneiden. Datteln fein hacken.

Nun Hamburger schichten:
Flache Auberginenscheibe als Boden auf einen Teller legen, mit Kopfsalat, Tomatenscheiben, Gurkenscheiben, Mayonnaise, Rindshamburger, gehackten Datteln, Tomatenscheiben, Gurkenscheiben und Auberginen-Endstück schichten und genießen.

KIMCHI

DAS KOREANISCHE WUNDERMITTEL ZUM SELBERMACHEN

Zubereitung:

Kimchi ist ein »Health Food«, das ursprünglich aus Korea stammt, heute aber wegen seiner gesundheitsfördernden Wirkung vor allem im asiatischen Raum weit verbreitet ist.

Die Südkoreaner sind sich sicher, dass die niedrige Krebsrate und die überraschend wenigen übergewichtigen Menschen sowie die blühende Wirtschaft Südkoreas dem Kimchi zu verdanken sind.

Kimchi ist fermentiertes Gemüse, basiert also auf derselben Gärungsmethode wie Sauerkraut. Es besteht aus mehreren Zutaten, die an sich schon gesundheitsfördernd sind, zum Beispiel Knoblauch oder Ingwer. Dementsprechend hat es einen sehr hohen Gehalt an Nahrungsfasern, ist aber trotzdem kalorienarm. Kimchi ist außerdem reich an Mineralien und Vitaminen, besonders Vitamin C.

Aufgrund der Gärung enthält Kimchi eine Reihe von Milchsäurebakterien (Laktobazillen), welche Verdauung und Darmflora verbessern. Dies bildet die Grundlage für alle weiteren Gesundheitsaspekte. Des Weiteren wird den Bakterien eine präventive Wirkung gegen Krebserkrankungen nachgesagt.

Wie man Kimchi selber herstellen kann:

1. Chinakohl vierteln und unten den Strunk abschneiden.
2. In mundgerechte Stücke schneiden.
3. In eine große Schüssel geben und mit Salz einreiben.
4. Mindestens vier Stunden warten, bis Salz das Wasser entzogen hat; dieses dann ausgießen und den Kohl abspülen.
5. Zutaten für Sauce vermengen, dann den vorbereiteten Chinakohl zugeben.
6. Das Ganze in Einmachgläser geben. (Nicht luftdicht verschlossen, da Gasentwicklung bei Gärung). Inhalt des Glases sollte mit Flüssigkeit bedeckt sein.
7. 1–3 Tage bei Zimmertemperatur stehen lassen Sobald die Gärung einsetzt, in den Kühlschrank stellen.
8. Innerhalb von 2–3 Wochen verbrauchen.

Zutaten:

- 2 große Köpfe Chinakohl
- ca. 100 g Meersalz

Für die Sauce:

- 3-4 Frühlingszwiebeln oder Lauch, fein gehackt
- kleines Ingwerstück, ca. 5 cm groß, fein gerieben
- ca. 5 Knoblauchzehen, fein gehackt
- 2-3 EL getrocknetes Chilipulver
- ½ Rettich, gerieben
- Wasser

Sashimi mit Gurke

Zutaten für 4 Personen:

300 g Thunfisch	Pfeffer
1 Gurke	Meersalz
1 TL Meerrettich	1 EL Sesam
1 EL Olivenöl	1 EL Macadamianüsse

Zubereitung:

Thunfisch in feines Sashimi schneiden.

Gurke mit einem Sparschäler schälen und mit einem Küchenhobel in sehr feine Scheiben schneiden.

Auf einem Küchentuch abtropfen lassen und leicht mit Salz bestreuen, 6 Minuten liegen lassen.

Dann Gurken gut abtupfen und auf vorbereitete Teller mit dem Thunfisch aneinander geschichtet und leicht überlappend wie ein Sashimi anrichten.

Meerrettich mit Olivenöl, Sesam und Macadamianüssen mischen, mit Salz und Pfeffer würzen. Mischung über das Gurkensashimi geben und genießen.

旬

Frühstück & Brunch

Maßangaben
S. 273

1. Omelette mit Spinat
2. Frittata mit Schinken, Gemüse und Süßkartoffeln
3. pure food-Müsli
4. Rührei mit Speck und gedämpften Tomaten
5. Waffeln
6. Eiermuffins

Omelette mit Spinat

ZUTATEN FÜR 4 PERSONEN:

10 Eier
3 Zweige Petersilie
2 EL Olivenöl
200 g Spinatpüree
Salz
Pfeffer

ZUBEREITUNG:

Eier verquirlen und mit gehackter Petersilie, Salz und Pfeffer würzen.

Spinatpüree beigeben und gut mischen.

Bratpfanne erhitzen. Olivenöl beigeben und heiß werden lassen.

Eimasse beifügen und dem Omelette durch ruckartige Bewegungen eine nierenförmige Form geben.

Beidseitig goldbraun braten

TIPP

GEMÜSEOMELETTE:
200 g gekochte Gemüsewürfel beigeben.

LACHSOMELETTE:
200 g geräucherten oder frischen Lachs beigeben.

SCHINKENOMELETTE:
200 g gekochte Schinkenstreifen beigeben.

FRITTATA

MIT SCHINKEN, GEMÜSE UND SÜSSKARTOFFELN

ZUTATEN FÜR 4 PERSONEN:

200 g rote Peperoni
200 g Zucchini
200 g Süßkartoffeln
100 g gekochter Schinken
4 Zweige Basilikum
4 Zweige Petersilie
1 EL Kokosmehl
4 Eier
1 EL Olivenöl
Weißer Pfeffer aus der Mühle
Salz

ZUBEREITUNG

Peperoni rüsten und in feine Stücke schneiden.

Zucchini und Süßkartoffeln rüsten und fein raffeln.

Schinken in feine Streifen schneiden.

Kräuter hacken.

Eier verquirlen und mit den restlichen Zutaten vermengen.

Mit Salz und Pfeffer würzen.

Olivenöl in Bratpfanne erhitzen, Frittatamasse hineingeben und beidseitig 6 Minuten goldbraun braten.

In Stücke schneiden und servieren.

PURE FOOD-MÜSLI

Basis-Mischung für ca. 6 – 8 Portionen

- 100 g gehackte Nüsse
- 100 g gemahlene Nüsse
- 50 g Kerne
- 50 g Samen
- 1 EL Gewürze
- 50 g Kokosfett oder Ghee
- 2 EL Honig
- 50 g Trockenfrüchte, in kleine Stücke geschnitten

Achtung!

Müsli ist keine ideale Mahlzeit, wenn man Körperfett reduzieren will.

ZUBEREITUNG:

Alle Zutaten bis auf die Samen in eine Teflon-Pfanne geben und bei mittlerer Hitze anrösten, bis die Nüsse anfangen zu duften und eine hellbraune Farbe angenommen haben.

Dabei aufpassen, dass nichts anbrennt.

Kokosfett und Honig über die Mischung geben und mit einer Holzkelle gut vermengen. Weiterrösten, bis der Honig leicht karamellisiert ist.

Vom Herd nehmen.

Trockenfrüchte dazugeben und untermengen. Abkühlen lassen.

FRÜHLINGS-MISCHUNG:

100 g gehackte Haselnüsse
50 g gemahlene Walnüsse
50 g Mandelblättchen
50 g Sonnenblumenkerne
½ EL Zimt, gemahlen
½ EL getrockneter Ingwer, gemahlen
50 g Kokosfett oder Ghee
2 EL Honig
50 g getrocknete Aprikosen und/oder Pfirsiche, in kleine Stücke geschnitten

SOMMER-MISCHUNG:

100 g gehackte Macadamianüsse
50 g gemahlene Pekannüsse
50 g Kokoschips oder -raspel
50 g Sesamsamen
½ EL getrockneter Ingwer, gemahlen
½ EL Zimt
50 g Kokosfett oder Ghee
2 EL Honig
50 g getrocknete Mango, Papaya und/oder Ananas in Stückchen

HERBST-MISCHUNG:

100 g gehackte Walnüsse
50 g gemahlene Haselnüsse
50 g Kürbiskerne
50 g gemahlene Leinsamen
1 EL Zimt, gemahlen
50 g Kokosfett oder Ghee
2 EL Honig
50 g getrocknete Zwetschgen, Rosinen und/oder Sultaninen

WINTER-MISCHUNG:

100 g gehackte Pekannüsse
100 g gemahlene Haselnüsse
50 g Mandelblättchen
1 EL Lebkuchengewürz
50 g Kokosfett oder Ghee
2 EL Honig
50 g Datteln und/oder Feigen, getrocknet und in kleinen Würfeln

SERVIERVORSCHLÄGE:

Mit Kokos- oder Nussmilch servieren. (Falls man Milchprodukte verträgt, kann auch Kuhmilch verwendet werden).

Die verschiedenen Milchsorten können mit einer Banane püriert werden, um das Müsli cremiger und süßer zu machen.

AUFBEWAHRUNG:

Das Müsli kann in einer luftdicht verschlossenen Dose ca. 10 Tage lang im Kühlschrank aufbewahrt werden. Aufgrund des hohen Schmelzpunktes von Kokosfett im Kühlschrank lagern, damit das Müsli knusprig bleibt.

Rührei mit Speck und gedämpften Tomaten

Zutaten für 4 Personen:

100 g Bratspeck
10 Eier
1 dl Kokosmilch
Salz
Pfeffer
4 Tomaten
2 Zweige Basilikum

Zubereitung:

Eier in eine Schüssel geben und gut aufschlagen.

Speck in feine Streifen schneiden, in Bratpfanne erhitzen und leicht braten.

Eier aufschlagen und in eine Schüssel geben und zusammen mit der Kokosmilch gut verquirlen.

Tomaten waschen und in Scheiben schneiden.

Die **Schnittfläche der Tomaten** mit Salz und Pfeffer würzen.

In einer abgedeckten Pfanne bzw. einem abgedeckten Topf mit Siebeinsatz Wasser kochen und Tomaten darin weich dämpfen oder einen Kombisteamer benutzen.

Rührei mit den Tomaten und dem Speck anrichten und servieren.

Waffeln

ZUTATEN FÜR 3 BIS 4 WAFFELN:

4 Eier

30 g Kokosmehl (gesiebt)

1–2 EL Kokosmilch

1 gestrichener TL Zimt

½ gestrichener TL Backpulver

1 EL Honig oder Ahornsirup (optional)

Zubereitung: 10 Minuten
Backzeit: 13–15 Minuten
Backform: Silikon-Waffelform

TOPPING-VORSCHLÄGE:

- Beeren oder Bananen, in Scheiben geschnitten
- Früchtekompott[1]
- Gehackte Nüsse
- Schokoladesaucen aus Zartbitterschokolade
- Ahornsirup
- Kokossahne[2]
- Eiscreme[3]
- Geschlagener Vollrahm (wenn Milchprodukte vertragen werden)

ZUBEREITUNG:

Backofen auf 220 °C vorheizen. Waffelform aufs Backblech legen.

Alle Zutaten in einen großen Messbecher geben und mit Handmixer gut vermischen. Teig sollte leicht dickflüssig sein.

Teig in Waffelform füllen und 13–15 Minuten backen, bis Waffeln durchgebacken sind.

Blech mit Waffelform aus dem Ofen nehmen und 10 Minuten abkühlen lassen.

[1] S. 238/[2] S. 233/[3] S. 241

KASTANIENMEHL-WAFFELN

40 g Kastanienmehl anstatt Kokosmehl verwenden.
Zimt kann durch Lebkuchengewürz ersetzt werden.

SCHOKOLADEN-WAFFELN

10 g Kokosmehl und 20 g Kakaopulver anstatt 30 g Kokosmehl verwenden.

BROWNIE-WAFFELN

10 g Kokosmehl und 20 g Kakaopulver anstatt 30 g Kokosmehl verwenden.

Zum Schluss 20 g fein gehackte Walnüsse oder Pekannüsse in den Teig mischen.

Alternativen:

A Waffelteig süßer machen, fertig gebackene warme Waffel mit Butter bestreichen und sofort essen.

B Kokosmehlwaffel oder Kastanienmehlwaffel mit einer guten Prise Salz (ohne Zimt und Honig) herstellen und als Brotersatz benutzen, kann mit Butter bestrichen und/oder mit Trockenfleisch belegt werden.

SIBYLLES TIPP ZUR KOKOSMILCH

Dose/Tetrapack mit vollfetter Kokosnussmilch (Sollte nichts anderes enthalten als Kokosnuss und Wasser!) über Nacht in den Kühlschrank stellen. Durch die Kälte trennt sich der fette Teil der Kokosmilch vom Wasser, und es entsteht oben in der Dose/im Tetrapack eine dickflüssige Creme.

Mit Video

Eiermuffins

Zutaten für 6 Muffins:

- 6 Bio-Eier
- 600 g klein geschnittenes Gemüse (Zucchini, Paprika, Auberginen, Tomaten, Pilze etc.)
- 150 g Schinken, gekocht und in kleinen Würfeln
- 2 EL frische Kräuter, klein geschnitten (z. B. Basilikum, Dill, Thymian etc.)

Zubereitungszeit:
15 Minuten

Backzeit:
20 Minuten

Aufbewahrung:
Im Kühlschrank bis zu 3 Tage lang

Zubereitung:

- Backofen auf 165 °C vorheizen.
- Muffinform vorbereiten.
  (Silikonform kann ungefettet benutzt werden, Muffinblech einfetten oder mit Papierförmchen auskleiden.)
- In einer Schüssel die Eier aufschlagen, Gemüse, Schinken und Kräuter beigeben und mit Salz und Pfeffer würzen.
- Alles vermengen.
- Masse gleichmäßig in die Mulden füllen.
- Im Backofen ca. 20 Minuten garen.
  Wenn Muffins nur noch leicht auf Druck nachgeben, sind sie fertig.

Alternativen

- Spinat oder hartes Gemüse wie Zwiebeln, Karotten oder Sellerie vorher kurz andämpfen und in die Eimasse geben.
- Chiliflocken oder frischen klein geschnittenen Chili zur Eimasse geben.
- Fleisch- und Gemüsereste für die Muffins verwenden.

Serviervorschläge

- Zum Frühstück warm mit gebratenem Speck und gedämpften Tomaten servieren.
- Als leichte Mahlzeit mit Blattsalat genießen.
- Als praktisches Frühstück oder Zwischenmahlzeit für unterwegs oder an der Arbeit.

Kochvideo

Snacks & Fingerfood

Maßangaben
S. 273

1. Datteln im Speckmantel
2. Crevettencocktail in Avocadohälfte
3. Guacamole & Gemüsechips
4. Easy Mayo
5. Macadamia-Dattel-Makronen
6. Rüeblimuffins
7. Heidelbeermuffins

Datteln im Speckmantel

Zutaten für ein Backblech:

24 Datteln, entkernt

24 Mandeln, geschält
(alternativ: Pekannüsse)

8 Streifen Frühstücksspeck
(alternativ: Rohschinken)

Zubereitungszeit: 15 Minuten
Backzeit: 10–12 Minuten

ZUBEREITUNG:

- Backofen auf 230 °C vorheizen.
- Jede Dattel mit einer Nuss füllen.
- Speckstreifen dritteln, sodass 24 gleich große Stücke entstehen.
- Datteln mit einem Stück Speck umwickeln und auf Backblech legen, sodass das Ende des Speckstreifens jeweils unten auf dem Blech zu liegen kommt.
- Im Ofen backen, bis obere Seite knusprig ist (ca. 4–6 Minuten), Blech herausnehmen, Datteln umdrehen und im Ofen weiterbacken, bis Datteln rundum knusprig sind (ca. 4–6 Minuten).
- Aus dem Ofen nehmen und mit Zahnstochern fixiert auf einer Platte anrichten.

VARIATIONEN:

Anstelle von Datteln getrocknete Zwetschgen nehmen.
Anstelle von Trockenfrüchten frische Ananas- oder Pfirsichstücke verwenden.

INFORMATION:

Dattelpalmen gibt es seit rund 50.000 Jahren. Datteln sind die ältesten kultivierten Früchte.

Crevettencocktail in Avocadohälfte

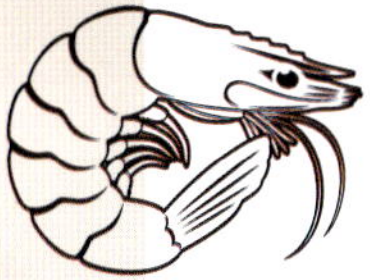

Zutaten für 4 Personen:

4 Bananen

300 g Crevetten

1 EL Kokosöl

Salz

Pfeffer

½ dl Kokosmilch

1 Mango

40 g Eisbergsalat

2 Avocados

Zubereitung:

Mango schälen und in feine Würfel schneiden.

Bananen in Scheiben schneiden.

Crevetten in heißer Bratpfanne mit Kokosöl 2 Minuten gut anbraten und danach mit Salz und Pfeffer würzen, auskühlen lassen und mit Mango vermengen.

Kokosmilch, Eisbergsalat (in feine Stücke geschnitten) mischen und mit Salz und Pfeffer abschmecken.

Avocados halbieren, Steine entfernen und Crevettencocktail in die Avocadohälften füllen und servieren.

Guacamole & Gemüsechips

Zutaten für 4 Personen:

- 1 reife Avocado (beim Drucktest muss die Frucht unbedingt leicht nachgeben, damit der Dip gelingt)
- ca. ½ Bund frischer Koriander
- ½–1 TL Chilipaste (Sambal Oelek oder Harissa)
- Pfeffer
- Salz

SERVIERVORSCHLÄGE:

- Zu Gemüse- oder Süßkartoffelchips servieren.
- In **pure food**-Hamburger verwenden.
- Guacamole mit Mango zu gebratenem Fisch oder Hähnchenbrust servieren.

ZUBEREITUNG:

1. Avocado halbieren, Kern entfernen, Fruchtfleisch mit einem Löffel oder einer Gabel aus der Schale herauslösen und in eine Schüssel geben.
2. Korianderblätter fein schneiden und zusammen mit Chilipaste zur Avocado geben.
3. Mit einer Gabel alles gut zerdrücken und vermengen.
4. Mit Salz und Pfeffer abschmecken.

VARIANTEN:

- Frischen Basilikum anstelle von Koriander verwenden.
- Kombination von frischen Kräutern verwenden.
- Zusätzlich frischen, fein gehackten Knoblauch und/oder Zwiebel in den Dip mischen.
- Zusätzlich eine halbe klein gewürfelte Paprika, klein gewürfelt in den Dip mischen.
- Zusätzlich zum Koriander eine halbe klein gewürfelte Mango beifügen.

Easy Mayo

Express-Variante, die bestimmt gelingt:

- 2 dl flüssiges Kokosfett, Avocado- oder Macadamiaöl
- 1 frisches Ei
- ½ TL Senf
- Meersalz
- Ein wenig frischer Zitronensaft

Serviervorschläge:

- Zu gebratenem Fisch reichen.
- In Salatsauce verwenden.
- Mit Kräutern oder Currygewürz verfeinern und als Dip zu Gemüsesticks reichen.

Haltbarkeit:

Mayo kann im verschlossenen Einmachglas im Kühlschrank max. 5 Tage aufbewahrt werden.

Anmerkung:

Zutaten müssen alle die gleiche Temperatur aufweisen.

Individuell ausprobieren, welche Öle man bevorzugt.

Rezept und Technik aus dem Hiltl Kochbuch »Hiltl. Vegetarisch nach Lust und Laune«

Macadamia Dattel Makronen

Zutaten für 30 kleine Makronen:

- 8 große Datteln ohne Kern
- 65 g Kokosraspel
- 110 g Macadamianüsse
- 1 EL Honig (optional)
- 1 Ei

Haltbarkeit

3–4 Tage in luftdichter Dose

Zubereitung:

Backofen auf 180 °C vorheizen.

Kuchenblech mit Backpapier auslegen.

Datteln in kleine Stücke schneiden.

Alle Zutaten in eine Küchenmaschine geben und zerkleinern, bis eine klebrige Masse mit kleineren und größeren Macadamiastückchen entsteht.

Mit 2 Teelöffeln kleine Makronen formen und auf das Backpapier legen.

10–12 Minuten auf der untersten Stufe backen, bis Makronen goldbraun sind.

Quelle: Paleo Indulgences
von Tammy Credicott

Rüebli-Muffins

Teig für 9 große oder 12 kleine Muffins:

Teig kann auch in einer kleinen Tortenform von 19cm Durchmesser gebacken werden.

5 Eigelb
100ml Honig (cremig)
250g Rübli, fein geraffelt
250g gemahlene Haselnüsse
(oder Mandeln, eine Nussmischung etc.)
1 Zitrone, fein geraffelte Schale und Saft
80g Kastanienmehl oder 60g Kokosmehl
1 EL Backpulver
5 Eiweiß
1 Prise Salz

Zubereitung:

Backofen auf 180 °C vorheizen.

Muffinblech mit Papierförmchen auskleiden.
(Tortenform einfetten und leicht bemehlen oder mit Backpapier auslegen.)

In einer Schüssel Eier und Honig vermengen. Rüebli, Haselnüsse und Zitrone daruntermischen. Kastanienmehl und Backpulver dazu sieben und untermischen.

Eiweiß mit einer Prise Salz steif schlagen. Eiweiß vorsichtig unter den Teig mischen. Der Teig sollte möglichst luftig bleiben.

Teig in Muffinblech oder Tortenform füllen. Muffins 35–40, Torte 50 Minuten backen. Mit einem Holzspießchen testweise in den Teig stechen. Bleibt nichts daran kleben, sind die Muffins durchgebacken.

Verzierung: (optional)

100g Kokosnussmus
50g Honig (cremig)
Zitronensaft nach Belieben

Alles gut verrühren und auf Muffins oder Torte streichen, kalt stellen bis Verzierung etwas fester wird.

Anmerkung 1

Vorzugsweise Bio-Produkte verwenden. Zitronenschale nur von Bio-Zitronen, ansonsten lieber ganz darauf verzichten.

Anmerkung 2

Kastanienmehl und Kokosnussmehl sind im Reformhaus oder online[1] erhältlich.

[1] S. 261

Heidelbeer-Muffins

Teig für 6 größere oder 9 kleinere Muffins:

(Teig kann auch in einer Kuchenform gebacken werden)

- 300 g Cashewnüsse, fein gemahlen (alternativ: Walnüsse, Macadamianüsse, Mandeln, Haselnüsse)
- ½ TL Backnatron
- 4 Bio-Eier
- 60 ml Kokosfett (falls fest, leicht erwärmen, damit es schmilzt)
- 1 TL Zimt
- 2 EL Bio-Honig
- 1 mittelgroßer Apfel, in kleine Würfel geschnitten (Bio-Äpfel mit Schale, alle anderen Äpfel schälen)
- 200 g frische oder gefrorene Heidelbeeren

*Schnelle alternative Mix-Methode:

Alle Zutaten (auch ganze Nüsse möglich) außer Heidelbeeren in Cutter geben und mischen, bis der Teig gleichmäßig geschmeidig ist.

Zubereitung:

Backofen auf 170 °C vorheizen.

Muffinblech mit Papierförmchen auskleiden.

In einer Schüssel Nussmehl und Natron vermischen. Eier, geschmolzenes Kokosfett, Zimt, Honig dazugeben und mit Handmixer oder Küchenmaschine zu einem Teig verarbeiten.*

Apfelstücke und Heidelbeeren sorgfältig mit Kelle unter den Teig mischen

Teig in Muffinblech oder Kuchenform füllen. Muffins 35–40 Minuten backen. Mit einem Holzspießchen testweise in den Teig stechen. Bleibt nichts daran kleben, sind die Muffins durchgebacken.

Süss- & Nachspeisen

Maßangaben
S. 273

1. Schokoladenkuchen
2. pure food-Schokomousse
3. Pumpkin Pie
4. Haselnuss-Schokoladen-Kuchen
5. Früchtekompott
6. Bananeneiscreme

Schokoladen-Kuchen

Zutaten für den Teig:

150 g Zartbitterschokolade (min. 72 % Kakaogehalt)
135 g Kokosfett (oder Butter)
20 g Kokosmehl (oder Kastanienmehl)
20 g Kakaopulver
5 Eier, getrennt
55 g Honig (oder Zucker)

Zubereitungszeit: 25 Minuten
Backzeit: 30 Minuten
Tortenform: 24 cm Durchmesser

Wichtig:

Kokosmehl und Kakaopulver sieben, so gibt es keine Klümpchen.

Haltbarkeit:

Am besten am selben Tag genießen oder luftdicht verpackt max. 1 Tag im Kühlschrank aufbewahren.

Zubereitung:

1. Ofen auf 170 °C vorheizen.
2. Tortenform einfetten oder mit Backpapier auslegen.
3. Schokolade im Wasserbad schmelzen, das Kokosfett zugeben und ebenfalls schmelzen. Alles gut zu einer homogenen Masse verrühren. Lauwarm abkühlen lassen.
4. Kokosmehl und Kakaopulver zusammen sieben und unter die Schokoladenmasse heben.
5. Eiweiß steif schlagen. Nach 2 Minuten den Zucker einrieseln lassen und weiter zu einem festen, glänzenden Eischnee verarbeiten.
6. Eigelb verklopfen und mit dem Teigschaber unter den Eischnee heben.
7. Eischneemischung nun mit dem Teigschaber vorsichtig unter die Schokoladenmischung ziehen, ohne dass der Eischnee zusammenfällt.
8. Teig in die Form füllen und 30 Minuten backen.
9. Kuchen aus dem Ofen nehmen, 10 Minuten abkühlen lassen und aus der Form lösen.

Glasur

Zubereitung:

1. Schokolade und Kokosfett bei sehr niedriger Temperatur in kleiner Saucenpfanne schmelzen und Vanilleextrakt einrühren.

2. Mischung in eine Schüssel füllen und für 15–30 Minuten im Kühlschrank fester werden lassen.

3. Aus dem Kühlschrank nehmen und mit dem Handmixer aufschlagen, bis die Masse luftig und heller geworden ist.

4. Kuchen mit der Mischung dekorieren/überziehen.

Zutaten für die Glasur:

100g Zartbitterschokolade (mind. 72% Kakaogehalt)

50g Kokosfett

1 TL Vanilleextrakt

Zubereitungszeit: 15 Minuten
Kühlzeit: 15–30 Minuten

Anmerkung:

Glasur wird fest bei kühleren Temperaturen

Andere Verwendung:

Minibanane auf Holzspießchen stecken und mit Glasur überziehen.

Früchte ganz oder teilweise mit Glasur überziehen und im Kühlschrank fest werden lassen.

Mit Video

pure food Schokomousse

Zutaten für 4 Personen:

1 reife Avocado
(Avocado muss auf Druck mit den Fingern nachgeben, harte Früchte sind ungeeignet)

1 große reife Banane
plus ½ Banane in Scheiben für Dekoration

2 gehäufte EL Kakaopulver
(nicht Schokoladenpulver!)

1–2 TL flüssiger Bio-Honig (optional)

Serviervorschläge:

Mit anderen Früchten garnieren.

Eine Dose Kokosmilch über Nacht in den Kühlschrank stellen, am nächsten Tag Dose öffnen und nur den oben fest gewordenen Teil der Kokosnussmilch als Rahmersatz auf die Schokomousse geben.

Zubereitungszeit: 10 Minuten

Zubereitung:

Avocado halbieren, Stein entfernen und Fleisch aus der Schale lösen. Avocado in Stücke schneiden.

Banane schälen und in Stücke schneiden. Avocado, Banane, Kakaopulver und Honig (optional) in Mixbecher füllen und mit Handmixer pürieren, bis alles gut vermischt ist.

Es sollten keine Stücke mehr in der Masse vorhanden sein.

Schokomousse in kleine Dessertschalen füllen und mit Bananenscheiben und Kakaopulver dekorieren.

Kochvideo

pumpkin
pie

Zutaten für den Teig:

- 60 g gemahlene Haselnüsse
- 150 g gemahlene Pekannüsse
- 6 EL Ghee, geschmolzen (alternativ Butter)
- 2 Prisen Salz

Zutaten für die Füllung:

- 400 g Kürbis (Butternut oder Hokkaido), weich gedämpft und püriert
- 1 EL Zimt, gemahlen
- 1 Msp. Nelkenpulver
- ½ TL Ingwer, gemahlen
- 2 Eier
- 150 g Honig
- 100 g Kokosmilch, vollfett

Form:
Springform oder kleine rechteckige Kuchenform

Backzeit:
Teig 15 Minuten / Pie 45 Minuten

Zubereitungszeit:
Teig 15 Minuten / Füllung 15 Minuten

Variation:
Gewürze durch Lebkuchengewürzmischung ersetzen

Zubereitung:

Backofen auf 180 °C vorheizen.

Alle Teigzutaten zu einer kompakten Masse verarbeiten.

Teig mit den Händen gleichmäßig dünn in der Backform verteilen und gut andrücken.

Form in den Backofen geben und 15 Minuten backen, bis der Teig anfängt, goldbraun zu werden.

Während Teig im Backofen ist, alle Zutaten für die Füllung mit einem Handmixer vermengen.

Backform aus dem Backofen nehmen und vorsichtig die Füllung auf dem Teig verteilen, ohne ihn zu beschädigen.

Backform zurück in den Ofen geben und weitere 45 Minuten backen.

Anmerkung:
Pie in der Form auskühlen lassen

Haltbarkeit:
gekühlt und luftdicht eingepackt 3–4 Tage

Haselnuss-Schokoladen-Kuchen

Haltbarkeit:
Ca. 3–4 Tage, luftdicht verpackt.

Zubereitung:

Zubereitungszeit: 20 Minuten
Backdauer: 50–55 Minuten
Kuchenform: 25–28 cm

Backofen auf 180 °C vorheizen, Kuchenform einfetten.

Kokosfett, Eigelb und Salz in der Küchenmaschine oder mit dem Handmixer schaumig rühren. Honig dazugeben und weiterrühren.

Gemahlene und gehackte Haselnüsse zugeben, Kokosmehl zusammen mit Backpulver dazu sieben. Alles gut verrühren. Schokoladenstückchen mit dem Teig vermischen.

Das steif geschlagene Eiweiß vorsichtig mit einem Teigschaber unter die Teigmasse heben. Der Teig sollte so luftig wie möglich werden.

Masse in die Kuchenform füllen und gleichmäßig verteilen. Auf der untersten Schiene im Backofen 50–55 Minuten backen.

Mit Holzspießchen testen, wenn kein Teig mehr kleben bleibt, ist der Kuchen fertig.

Zutaten:

- 125 g Kokosfett (alternativ: Butter)
- 4 Eigelb
- 1 Prise Salz
- 100 g Honig
- 200 g gemahlene Haselnüsse
- 50 g gehackte Haselnüsse
- 40 g Kokosmehl
- 1 TL Backpulver
- 150 g Schokolade (Kakaogehalt mind. 72 %, keine Zusatzstoffe wie z. B. Sojalecithin) in kleinen Stücken
- 4 Eiweiß (steif geschlagen)

Kuchen kann mit der halben Menge zubereitet werden. Kleinere Backform nehmen, Backdauer um ca. 5 Minuten reduzieren.

Früchtekompott

Grundrezept für 4 Personen als Nachspeise:

2 Bio-Birnen, ungeschält und in Stücke geschnitten
(konventionell angebaute Birne schälen)
2 ganze Nelken (oder eine Msp. Nelkenpulver)
½ TL Ingwer, gemahlen
1 TL Zimt, gemahlen
1 EL Ghee (alternativ Butter oder Kokosfett)

Zubereitung:

- Alle Zutaten bis und mit Zimt gut vermischen.
- Zusammen mit dem Ghee in einen Kochtopf mit gut schließendem Deckel geben.
- Erst jetzt Herd auf mittlere Hitze einstellen.
- Topf ab und zu ein bisschen hin- und herrütteln, Deckel mind. 10 Minuten nicht abheben.
- Falls es anfängt zu zischen und Dampf entweicht, Topf kurz vom Herd nehmen.
- Nach 10 Minuten überprüfen, ob Birnen weich gekocht sind.

Anmerkungen:

- Kochdauer ist davon abhängig, wie weich man die Früchte haben möchte.
- Ist das Kompott sehr weich gekocht und sind alle Nelken entfernt, kann man es mit dem Stabmixer zu Mus pürieren.
- Saure Früchte können mit etwas Honig gesüßt werden.
- Gewürze können je nach Früchtesorte variiert werden.
- Wer abnehmen will, verzichtet besser auf Kompott.

Zubereitungszeit: 15 Minuten
Kochzeit, abhängig von den gewählten Früchten: 10–20 Minuten

Serviervorschläge

- Pur als Nachspeise
- Zu Eiscreme[1]
- Zu pure food-Müsli[2]
- Zu Waffeln[3] mit Kokossahne (fest gewordener Teil von gekühlter Kokosnussmilch[4])
- Pfirsichkompott zu gegrilltem Fleisch, Hähnchenbrustfilet oder Fischfilet[5]

Früchtekompott-Variationen

- Kombination von Äpfeln und Birnen (evtl. mit Rosinen, um den Kompott süßer zu machen)
- Zwetschgen
- Aprikosen
- Gemischte Beeren (Achtung, sehr kurze Kochzeit, zerkocht man die Beeren, zerfallen sie zu Mus)
- Rhabarber (evtl. zusammen mit Erdbeeren)
- Kirschen, entsteint
- Pfirsiche

[1] S. 241 / [2] S. 196 / [3] S. 206 / [4] S. 233 / [5] S. 156

Bananen-Eiscreme

ZUTATEN FÜR 4 PERSONEN:

3 reife Bananen

2–3 EL Kokosnussmilch

evtl. etwas Vanilleessenz

ZUBEREITUNGSZEIT:

10 Minuten

VORBEREITUNG:

Geschnittene Bananen müssen mindestens 5 Stunden im Tiefkühler gelagert werden.

SERVIERVORSCHLÄGE:

Geschmolzene Schokolade (mind. 85 % Kakaogehalt) über das Eis gießen.

Mit Beeren oder anderen Früchten garnieren.

Klein gehackte Schokolade in das Eis mischen.

ZUBEREITUNG:

Bananen und 2 EL Kokosmilch in einen Mixbecher geben und mit Stabmixer gut durchmixen, bis eine homogene Masse entsteht.

Nach Belieben noch 1 EL Kokosmilch dazugeben. Mit etwas Vanilleessenz nach Belieben abschmecken. Sofort servieren.

Blaubeeren

BLAUBEEREN-EISCREME:
Anstelle von Bananen gefrorene Blaubeeren nehmen.

Schokolade

SCHOKOLADEN-EISCREME:
Zu den Bananen 1–2 EL Kakaopulver geben, evtl. mehr Kokosnussmilch verwenden, damit Eiscreme schön cremig wird.

Bananen-Erdbeere

BANANEN-ERDBEER-EISCREME:
Gefrorene Bananen und gefrorene Erdbeeren verwenden.

Das Team

Romy Dollé

Dave Dollé

Ray Dollé

Jasmin Spring

Mario Wüthrich

Sabina Galbiati

Sibylle Egloff

Einer der prägendsten Momente in meinem Leben war am Flughafen in Zürich. Ich stand am Check-in und hatte einen Koffer zum Aufgeben. In diesem einen Koffer und meiner Handtasche waren alle meine Habseligkeiten – inklusive Kleider und Schuhe. Erlöst von all meinen materiellen Errungenschaften und unnötigen Anschaffungen der letzten Jahre, überkam mich ein überwältigendes Gefühl der Erleichterung – Freiheit!

ROMY DOLLÉ

DAS LEBEN IST EINE REISE, NIMM NIE ZU VIEL GEPÄCK MIT! (BILLY IDOL)

Vor mir lagen 2,5 Jahre Aufenthalt in Wien voller neuer Chancen und Erfahrungen. Ich war Ende 20, als ich mich mit neuem Job und nichts, außer dem unglaublich guten Gefühl, die richtige Entscheidung getroffen zu haben, auf die Reise machte. Da stand ich also mit meinem Koffer – ganz ohne lästigen Ballast, startklar zum Abflug.

Biografie

Geb. 09.02.1970

Beruf
Business Developer

Ausbildung
Eidg. Dipl. Bankfachfrau / MBA

Hobbys
Familie, reisen, lesen, Golf, Ski- und Snowboard, backen

Seither begleitet mich dieser Moment am Flughafen durch mein Leben. Warum? – Lieber weniger als mehr! Pur und minimalistisch lautet meine Devise. Mein Alltag und meine Freizeit müssen unkompliziert sein. Ich versuche, mein Leben effizient und effektiv zu gestalten. Das zieht sich durch meinen gesamten Lebensstil – und zwar von der Garderobe, über Kosmetikartikel, den Haushaltsarbeiten, bis hin zum Einkaufen und Kochen. Mein Kleiderschrank für Sommer- und Winterkleider zusammen ist gerade mal 1,5 m breit. Kaufe ich mir etwas Neues, muss ein altes Teil weg. Dasselbe gilt bei den Schuhen. Ich habe genau ein Parfum, wenn es aufgebraucht ist, dann kaufe ich mir einen neuen Duft.
Bei Projekten oder in meinem Job ist die Organisation und Koordination an erster Stelle, dann erledige ich zuerst das Wichtige und Dringende. Immer im Hinterkopf das Paretoprinzip[1], damit ich meine Zeit effektiv einsetze.

Zum Glück sind mein Mann Dave und ich uns in diesen Sachen sehr ähnlich. Qualität kommt immer vor Quantität. Was er noch viel besser kann, ist, sich auf die wichtigen Dinge im Leben zu konzentrieren. Ressourcen einzuteilen und Prioritäten zu setzen im privaten, wie auch beruflichen Umfeld. Ich dagegen muss mich immer bremsen, weil ich sonst noch mehr interessante und spannende Projekte anpacken würde. Seit ich mich nämlich mit **pure food** ernähre und regelmäßig kurz und intensiv trainiere, habe ich so viel Energie, Freude und Lust am Leben, dass es nur so aus mir heraussprudelt.
Das Buch **pure food. pure training.** ist die Essenz und das Rezept für einen entspannten und gesunden Lebensstil, wie ich ihn für mich entwickelt habe und ihn schon viele andere Menschen erfolgreich anwenden.

[1] S. 28

Genuss, Freude und Abwechslung kommen garantiert nicht zu kurz, denn sie gehören zu **pure food. pure training.** dazu. Ich wünsche dir, dass du wagst, zu experimentieren und auch mal einen Ratschlag befolgst, der nicht der gängigen Meinung entspricht. Sei kritisch, wachsam und traue deiner natürlichen Körperintelligenz.

Es ist nie zu spät, dich neu zu erfinden! Abnehmen ist ein schöner Effekt von **pure food. pure training.** Was für mich jedoch an erster Stelle steht, sind Gesundheit und Prävention. Das vermittle ich auch meinen Kunden beim Personal Training.
Nach Beendigung meiner aktiven Zeit als Profisportler machte ich 2001 eine Ausbildung zum Wellness Trainer. Seither arbeite ich als Personal Fitness Trainer mit eigenen Fitnessstudios und einem 20-köpfigen Team von Trainern mit unterschiedlichen Spezialisierungen.

In meinen Studios bieten wir ein breites Angebot von verschiedenen Trainings an: Funktionelles Training, High Intensive Intervall Training (HIIT), Krafttraining, Pilates, Yoga, Box-Fitness, Training während und nach einer Schwangerschaft und Ernährungsberatung gehören zum Standardangebot.

DAVE DOLLÉ

IT'S NEVER TOO LATE TO REINVENT YOURSELF (TIM FERRISS)

So unterschiedlich unsere Kunden sind, so verschieden gestalten sich ihre Ziele: Einige wollen ihren Körper kräftigen, Muskeln aufbauen, andere bereiten sich auf einen Marathon vor oder möchten nach einem Unfall oder einer Operation ihre Beweglichkeit wieder erarbeiten. Die meisten wünschen sich jedoch, wenn nicht als Hauptziel, dann sicher als Nebeneffekt des Trainings, einige Kilos abzunehmen. Die sportlichen Ziele erreichen sie – egal ob 25 oder 75 Jahre alt – meist ohne Probleme. Bei den überflüssigen Kilos hapert es jedoch trotz des gewissenhaften Trainings nicht selten.

Daheim diskutierten Romy und ich diese Thematik immer wieder. Wir lasen unzählige Bücher über Ernährung und Abbau von Körperfett. Unter anderem **«The 4 Hour Body«** von Tim Ferriss, **»The Paleo Solution«** von Robb Wolf, **«The Paleo Diet«** von Loren Cordain oder **»The Primal Blueprint«** von Mark Sisson. Auch in der amerikanischen Bloggerszene suchten wir nach Antworten und fanden weitere Anhaltspunkte auf:

www.mercola.com
www.chriskresser.com
www.undergroundwellness.com
www.robbwolf.com
www.precisionnutrition.com
www.fitnessquest10.com

Romy hat mehrere Ernährungsformen selbst akribisch ausprobiert. Metabolic Typing in Kombination mit HIIT-Training löste eine markante Veränderung aus: offensichtlicher Muskelaufbau und Muskeldefinition durch Körperfettabbau. Wir forschten weiter und kamen über verschiedene Quellen auf den Paleo-Lebensstil.

Biografie

Geb. 30.05.1969

Beruf
Fitness-Unternehmer,
Fitness-Experte, Referent

Ausbildung
Wellness Trainer

Hobbys
Familie, Golf, Trampolin, lesen

Ohne dass ich es bemerkte, war immer seltener Brot in der Brotbox. Beim Abendessen gab es verschiedene Gemüse und Fisch oder Fleisch. Im Sommer aßen wir häufig Grilladen mit abwechslungsreichen Salaten. Nach und nach stellte ich auch meine Frühstücksgewohnheiten um. Heute brate ich für Ray, unseren Sohn, und mich regelmäßig Eier, Speck und Gemüse zum Frühstück.
Ich begann, diese Ernährungsweise meinen Kunden zu empfehlen. Die Erfolge sprechen für sich! Wir haben ein Rezept gefunden (nicht erfunden), um nachhaltig Körperfett abzubauen und Muskelmasse aufzubauen. Dabei ist der lästige Jo-Jo-Effekt definitiv kein Thema mehr.
Wenn ich heute mit unseren Kunden über ihre Erfahrungen spreche, erzählen sie oft von den positiven Nebeneffekten. Sie schlafen besser, sind tagsüber konzentrierter, frieren weniger, ihr Hautbild verbessert sich, sie erkälten sich nicht mehr – um dir nur einige der gesundheitlichen Erfolge aufzuzeigen. Und ich hoffe, deine Gesundheit steht für dich ebenso an erster Stelle. Es ist nie zu spät, alte Gewohnheiten zu hinterfragen und Neues auszuprobieren.

Curriculum Vitae Dave Dollé

Name	David Michael Dollé
Geburtsdatum	30. Mai 1969
Geburtsort	Pasadena CA, USA
Nationalität	CH
E-Mail	dave@davedolle.com https://www.xing.com/profile/Dave_Dolle http://www.facebook.com/davedolle
Zivilstand	verheiratet, 1 Sohn
Beruf	Unternehmer, Fitnessexperte, Personal Wellness Trainer
Größe / Gewicht	193 cm / 88 kg
Hobbys	Familie, Freunde, Golf, Mentale Fitness, Weiterbildung, Bewegung allgemein
Bildungsweg	Berufslehre als Maschinen-Mechaniker Rekrutenschule 1990 Wellness Trainer Ausbildung 2000–2002 Metabolismus Experte 2005 Anti-Aging- und Präventions-Trainer 2009 Laufend: Unternehmerische, technische Weiterbildung
Berufliche Tätigkeit	KV Praktikum Diners Club Suisse SA 1990–92 UBS Marketing – Sportsponsoring Assistent 1993–95 Master Trainer Holmes Place Lifestyle Club Zürich April 2001–05 Personal Wellness Trainer davedolle.com 2002–2007 Personal Trainer Sport Klinik Hirslanden Okt. 2005–2007 **Geschäftsführer** **davedollé pure training gmbh** **www.davedolle.com** **2007–dato**

Sportlicher Karriereverlauf:

- Herbst 1985, Probetraining beim Diners Track Club Frühling 1986, erster lizenzierter Wettkampf
- 1986 Jugend A, Doppel Schweizer Meister 100/200 m
- 1988 Junior, Doppel Schweizer Meister 100/200 m
- 1992 CH Rekord 100 m 10.30 s
- 1993 CH Rekord 100 m 10.25 s und 200 m 20.43 s
- WM 1993 Stuttgart 200 m – Halbfinalist
- 1994 CH Meister 100 m
- 1994 EM Helsinki 200 m – Finalist (8. Platz)
- 1994 EM Helsinki 100 m – Halbfinalist
- 1995 WM Göteborg Zwischenlauf 200 m
- 1995 100 m CH Rekord 10.16 s
- 1996 verletzt
- 1997 10.41 s
- 1998 CH Meister 100 m, EM Budapest Halbfinal 100 m
- 1999 Windunterstützte 10.09 s
- 2000 und 2001 verletzt
- Juni 2002 Rücktritt als professioneller Leichtathlet

DAVES PHILOSOPHIE

MACH, DASS ES DIR GUT GEHT ...

Unser Wohlergehen lässt sich durch eine Verbesserung der physischen und mentalen Fitness positiv beeinflussen. Durch die Steigerung der Entspannungsfähigkeiten und der allgemeinen Wahrnehmung können Alltagsbelastungen wie auch Grenzbelastungen in Beruf, Sport, Freizeit und Familie besser bewältigt werden. Eine bewusste, vollwertige und ausgewogene Ernährung erhöht die Lebensqualität und hält gesund.

Biografie

Geb. 06.03.2005

Beruf
Primarschüler

Hobbys
Skateboard fahren, Ski fahren, Schach, Karate, Tennis, Tischtennis

Ray Dallé

Ich bin siben und 1/2,
Sckateborden und Tenis spielenPing-
Pong spielen.

Ich esse gern ~~[illegible]~~ bacon

Schifaren und Skatebordund
Snowboard und Ping-Pong und
Tenis Spielen.

Ich esse gern Truthan.
Ich liebe Mango.

Jasmin Spring

Es geht nicht darum, zu behaupten, **pure food. pure training.** sei der einzig richtige Weg, sondern darum, so viele wie möglich zu motivieren, diesen Weg als Möglichkeit auszuprobieren! Das ist auch der Grund, wieso ich Teil dieses Projektes geworden bin. Für mich war klar, dass ich diese Ernährungsweise selbst teste. Die positiven Veränderungen im Körper wahrzunehmen, kam einer neuen Selbsterfahrung gleich. Wenn ich nun schlafe, schlafe ich tiefer. Meine Verdauung ist spitze und nach einer ersten Reaktion meiner Haut verbesserte sich mein Hautbild laufend. Dabei liefert das **pure food**-Konzept bestes Know-how, um falsche Essgewohnheiten aufzudecken, zu hinterfragen und durch neue zu ersetzen.

Obwohl es auf den ersten Augenschein viele neue Infos gab, lief bei mir bereits nach wenigen Tagen vieles routinierter und einfacher. In der Umstellungsphase meines Körpers hatte ich die ersten drei, vier Tage einen leichten Zuckerentzug, der manchmal für weiche Knie sorgte. Dennoch fühlte ich mich oft stundenlang angenehm satt.

Biografie

Geb. 12.10.1987

Grundausbildung
Handelsmittelschule
Diplom und Berufsmatura
Dipl. Trainerin und in Ausbildung (Bachelor) an der Deutschen Hochschule für Fitness, Prävention und Gesundheit (Dhfpg)

Hobbys
Tanzen, Inlineskaten, div. Sportarten und Aktivitäten ausprobieren, reisen, lesen, Freunde treffen, Natur genießen, kochen

An Süßigkeiten und Snacks dachte ich nicht mehr.

Das Beste: Die vielen neuen Rezepte und Menüs schmecken köstlich und sind abwechslungsreich. Auch nachmittägliche Leistungseinbrüche sind bei mir kein Thema mehr. Durch die Kombination von **pure training** und **pure food** zeichnen sich die Konturen meiner Muskulatur immer deutlicher ab.

Fazit: Ich werde diese Ernährungsumstellung mit kleinen Ausnahmen beibehalten und weiterhin damit experimentieren, denn ich fühle mich wohl, leistungsfähig und muss auf nichts verzichten.

Als Junior Trainerin bei Dave Dollé und Studentin für Gesundheitsmanagement an der deutschen Hochschule für Fitness, Gesundheit und Prävention (www.dhfpg.de) werde ich künftig meinen Kunden mit Rat, Tat und eigenen Erfahrungen zur Seite zu stehen, denn der heutige Alltag mit Beruf, Familie, Freunden und Freizeit verlangt uns und unserem Körper ganz schön viel ab. In unserer hektischen und aufregenden Welt können wir allzu leicht aus unserem Gleichgewicht fallen. Umso wichtiger ist unsere Gesundheit. Ehe wir uns versehen, wird unser Alltag zum Graus und wir funktionieren nur noch irgendwie. Mir hat **pure food. pure training.** eine wirklich vielversprechende und umsetzbare Möglichkeit gegeben, um meine Alltagsanforderungen optimal zu bewältigen und im Gleichgewicht zu bleiben.

MARIO WÜTHRICH

Biografie

Geb. 08.07.1984

Beruf
Personal Trainer

Studium
Bachelor in Sportwissenschaften, Universität Basel, div. Weiterbildungen

Hobbys
Reisen, kochen & backen, Gewichtheben, Ringturnen, lesen

Ich war schon immer ein wissbegieriger Mensch. Mehr als alles andere faszinierte mich jedoch der menschliche Körper: Wie er funktioniert, wie wir ihn verändern und leistungsfähiger machen können, was ihn krank macht und was ihn heilt.

Ich entschied mich deshalb, das Sportstudium an der Universität Basel in Angriff zu nehmen, um noch umfassendere Einblicke in den menschlichen Körper zu erhalten. Vieles habe ich gelernt, vieles wende ich heute tagtäglich in meinem Beruf als Personal Trainer an.
Was ich jedoch nie akzeptieren konnte …

… die heutige Ernährungspyramide und die damit verbundenen Ernährungsempfehlungen! Ich kann nicht glauben und will nicht verstehen, dass wir hochverarbeitete, chemisch veränderte Produkte den naturbelassenen Nahrungsmitteln vorziehen sollen, nur weil sie z. B. »weniger Kalorien« enthalten. Meine Suche nach Antworten führte mich bereits vor einigen Jahren zum »Paleo-Lifestyle« und dessen Ernährungsform. Sie machte für mich von Anfang an Sinn, und ich entschied mich spontan, die Paleo-Diät für unbestimmte Zeit auszuprobieren.

Ich habe damit nie wieder aufgehört. Dass uns verarbeitete Nahrungsmittel krank machen, sollte Motivation genug sein, um auf naturbelassene Nahrung umzusteigen, die wir auch roh konsumieren können. Diese natürlichen Produkte sind nicht erst seit gestern unsere perfekten Energielieferanten. Sie halten unseren Körper seit Jahrtausenden gesund und leistungsfähig. Ich hoffe, dass ich mit meiner Überzeugung und meinen eigenen Erfahrungen dem einen oder anderen Leser einen Denkanstoß geben kann, der ihn auch weg von den »ein-paar-Wochen-Diäten« zu einem gesünderen und bewussteren Lebensstil führt.

Sabina Galbiati

Jedes Experiment bringt mich einen Schritt weiter

Biografie

Geb. 13.11.1983

Beruf
Journalistin

Studium
Germanistik und Europäische Volkskunde an der Universität Zürich

Hobbys
Schreiben und lesen von Literatur, recherchieren, Freunde treffen, Musik hören, kochen

Wenn ich als Bloggerin für Dave Dollé und Co-Autorin dieses Buches etwas gelernt habe, dann Folgendes: Essen ist nicht gleich Essen, Bewegung nicht gleich Bewegung. Doch das Wichtigste: Ich kann beides nutzen, um leistungsfähiger, konzentrierter und entspannter durchs Leben zu gehen. Durch all meine Recherchen und Selbstversuche habe ich Nahrungsmittel als meine neue »Medizin« entdeckt. Die meisten Menschen möchten mit **pure food. pure training.** abnehmen und ihren Body durchformen. Mir geht es bei dieser Ernährungs- und Lebensweise aber um viel mehr: Ich kann mit natürlicher und vor allem optimaler Ernährung mein großes Arbeitspensum meistern. Denn die Arbeitstage als Journalistin, Bloggerin und Co-Autorin können manchmal ziemlich lang werden.

Für mich funktioniert das **pure food**-Konzept, weil ich selber entscheide, wie intensiv ich danach lebe. Und ganz wichtig: weil es alle Bereiche des Lebens berücksichtigt. Gesunder Schlaf ist ebenso bedeutend wie die **pure food**-Ernährung, das richtige Training zählt genauso viel wie wohltuende Entspannung. Wenn heute andere Leute dauererkältet sind oder von ihren Kilos, ihren müden Beine und ihren Schlafstörungen erzählen, habe ich Mitleid, weil ich weiß, wie einfach es wäre, diese Probleme zu lösen.
Ich hoffe, dieses Buch hilft vielen Menschen, mehr Lebensfreude, Spannung und Entspannung in ihren Alltag zu bringen. Wer mit ein wenig Vertrauen und Freude am Experimentieren dieses Buch liest, wird aufschlussreiche Erfahrungen machen, die das eigene Leben verändern können.

Sibylle Sonthaja Egloff

Essen und Kochen spielt in meinem Leben schon seit jeher eine zentrale Rolle. Damit verbinde ich schöne Momente im Kreise meiner Familie, mit meinem Partner oder meinen Freunden. Stets wurde ich kulinarisch verwöhnt, sei es von meiner Mutter mit thailändischen Speisen, der gutbürgerlichen Küche meiner Großmutter oder mit ausgefallenen Rezepten meines Vaters.

Dankbar bin ich ihnen dafür, dass ausschließlich gesunde, frische und unverarbeitete Produkte auf den Tisch kamen und ich Fertigpizzen und Tiefkühlpommes höchstens aus der Werbung kannte. Mit zwölf Jahren entdeckte ich das Kochen für mich. Es wurde zu einer idealen Entspannung nach einem stressreichen Schultag. Ich wagte mich an zahlreiche Rezepte, versuchte Gerichte nach Gefühl und ohne die Hilfe eines Kochbuchs nachzukochen. Zu meiner Freude gelangen mir meine Kreationen auf Anhieb. Das Kochen wurde zu einer Leidenschaft.

12 Jahre später bin ich Co-Autorin eines Kochbuches, eines Ernährungsratgebers. Wer hätte das gedacht, ich mit Sicherheit nicht. Meine Recherchen, Trainingsberichte über das **Speed-Training** sowie der **pure food**-Test, für welchen ich mich **während vier Wochen** ausschließlich nach Paleo-Maßstäben ernährt habe, haben in mir das Bewusstsein für Ernährung und Bewegung geweckt. Durch das Speed-Training habe ich die Freude an Sport entdeckt und erfahren, was für einen Einfluss ich auf meinen Körper habe. **Ich konnte meine Fitness und mein Wohlbefinden verbessern.**

Auch die Umstellung auf Paleo-Ernährung hat sich positiv auf meine Leistungsfähigkeit und mein Körpergefühl ausgewirkt. Die positiven Erfahrungen, die ich mit der **pure food. pure training.** Philosophie gemacht habe, sollen dir, lieber Leser, zeigen, dass es nicht sehr viel braucht, um erfolgreich eine Veränderung für das Wohlbefinden in seinem Leben in Angriff zu nehmen.

Biografie

Geb. 11.09.1988

Beruf
Journalistin und Bloggerin

Ausbildung
Matura mit Schwerpunkt Psychologie, Pädagogik und Philosophie; Studium der Deutschen Sprach- und Literaturwissenschaft und der Allgemeinen Geschichte an der Universität Zürich. Bachelor in Deutscher Sprach- und Literaturwissenschaft und Allgemeiner Geschichte

Hobbys
Kochen, Reisen, Tanzen (Ragga), Filme, Schreiben, Speed Training, Basketball, Volleyball, Zeit mit Familie, Partner und Freunden verbringen

[1] www.davedolle.com/blog/training/ [2] S. 28

BLOGLISTE

Paleo / Primal Blogs (englisch)

Robb Wolf
http://robbwolf.com/

Mark's Daily Apple
http://www.marksdailyapple.com/

Chris Kresser
http://chriskresser.com/

Nell Stephenson (Triathletin)
http://www.paleoista.com/

Loren Cordain
http://thepaleodiet.com/

The Paleo Mom
http://www.thepaleomom.com/

Whole9
http://whole9life.com/

Stupid Easy Paleo
http://stupideasypaleo.com/

Balanced Bites
http://www.balancedbites.com/

Real Food Liz
http://realfoodliz.com/

Fat-Burning Man
http://fatburningman.com/

Jonathan Bailor
http://thesmarterscienceofslim.com/the-blog/

Paleo / Primal Blogs (deutsch)

Romy Dollé
www.romydolle.com

Dave Dollé
http://www.davedolle.com/blog/

Swiss Paleo
http://swisspaleo.ch/

Paleosophie
http://blog.paleosophie.de/

Urgeschmack
http://www.urgeschmack.de/

Deutsche Gesellschaft für Paläo-Ernährung
http://palaeo-gesellschaft.de/DGPE.html

JoePaleo
http://www.joepaleo.de/

Paleo Foodporn
http://paleo-foodporn.blogspot.de/

Rezepte-Blogs (englisch)

Nom Nom Paleo
http://nomnompaleo.com/

The clothes make the girl
http://www.theclothesmakethegirl.com/

Elana's Pantry
http://www.elanaspantry.com/

Paleo Comfort Foods
http://paleocomfortfoods.com/

PaleOMG
http://paleomg.com/

Civilized Caveman Cooking Creations
http://www.civilizedcavemancooking.com

Schweiz

Online Shops für Kokosöl, Kokosmus, Kokosmehl u.v.m.
www.nu3.ch/dr-goerg

Online Versand mit großem Sortiment an Roh- und Naturkost, inkl. hilfreicher Küchengeräte
http://www.keimling.ch/

Müller Reformhaus Vital Shop
http://www.reformhaus.ch/content/home/index_ger.html

Alnatura Bio-Supermarkt
http://www.alnatura.ch/startseite/

Bio-Weidebeef
http://www.bioweidebeef.ch/

Einkaufen direkt beim Bauern
http://www.hofladen-bauernladen.info/index.php

Deutschland

Paleo Online Shop
http://kleine-steinzeit.de/

Online Shops für Kokosöl, Kokosmus, Kokosmehl u.v.m.
www.nu3.de/dr-goerg

Online Versand mit großem Sortiment an Roh- und Naturkost, inkl. hilfreicher Küchengeräte
http://www.keimling.de/

Alnatura Bio-Supermärkte
http://www.alnatura.de/

Virgin Coconut Oil und weitere Kokosprodukte
http://www.virgin-coconut-oil.de/index.php

Online Versand für Kokosnussprodukte
http://www.kokos-genuss.de/

Bio-Supermärkte
http://www.temma.de/
http://www.denns-biomarkt.de/
http://www.basic-bio-genuss-fuer-alle.de/
http://www.alecobio.de/

Den Bio-Markt in deiner Nähe findest du hier
http://www.bio-markt.info/

Österreich

Paleo Online Shop (Lieferungen auch nach Österreich)
http://kleine-steinzeit.de/

Online Shops für Kokosöl, Kokosmus, Kokosmehl u.v.m.
www.nu3.at/dr-goerg

Online Versand mit großem Sortiment an Roh- und Naturkost, inkl. hilfreicher Küchengeräte
http://www.keimling.at/

Bio-Supermärkte
http://www.denns-biomarkt.at/

Den Bio-Markt in deiner Nähe findest du hier
http://www.bio-markt.info/
http://www.biologisch.at/

The Primal Blueprint:
Reprogram Your Genes for Effortless Weight Loss, Vibrant Health, and Boundless Energy
by Mark Sisson

Practical Paleo: Customize your diet using whole foods to achieve optimal health
by Diane Sanfilippo

It Starts with Food: Discover the Whole30 and Change Your Life in Unexpected Ways
by Melissa Hartwig

Paleo Comfort Foods: Homestyle Cooking for a Gluten-Free Kitchen
by Julie Sullivan Mayfield

The Paleo Diet: Lose Weight And Get Healthy By Eating The Food You Were Designed To Eat
by Loren Cordain

Good Calories, Bad Calories
by Gary Taubes

The Primal Blueprint Cookbook
by Mark Sisson

Everyday Paleo Family Cookbook: Real Food for Real Life
by Sarah Fragoso

Well Fed: Paleo Recipes for People Who Love to Eat
by Melissa Joulwan

The Paleo Solution: The Original Human Diet
by Robb Wolf

Eat The Yolks
By Liz Wolf

Everyday Paleo
by Sarah Fragoso

Eat Like a Dinosaur: Recipe & Guidebook for Gluten-free Kids
by Paleo Paleo Parents

Make it Paleo: Over 200 Grain Free Recipes For Any Occasion
by Bill Staley

The Whole Soy Story:
The Dark Side of America's Favorite Health Food
[Hardcover] Kaayla T. Daniel (Author)
http://www.amazon.com/Whole-Soy-Story-Americas-Favorite/dp/0967089751

The Diet Cure [Paperback]
Julia Ross (Author)
http://www.amazon.com/The-Diet-Cure-Julia-Ross/dp/0140286527

The Mood Cure: The 4-Step Program to Take Charge of Your Emotions-Today Julia Ross (Author)
http://www.amazon.com/Mood-Cure-4-Step-Program-Emotions-Today/dp/0142003646

BUCHEMPFEHLUNGEN

Paleoista:
Gain Energy, Get Lean, and Feel Fabulous With the Diet You Were Born to Eat
by Nell Stephenson

Make Shift Happen:
Change How You Look by Changing How You Think
by Dean Dwyer

Wheat Belly:
Lose the Wheat, Lose the Weight, and Find Your Path Back to Health
by William Davis

Primal Blueprint Quick and Easy Meals:
Delicious, Primal-Approved Meals You Can Make in Under 30 Minutes
by Mark Sisson

deutsch:

Weizenwampe
Von William Davis

Die Paleo Ernährung
Von Loren Cordain

Paleo Power for Life
Von Nico Richter

Paleo-Kücher für Genießer
Von Danielle Walker

Ethisch Essen mit Fleisch
Von Ulrike Gonder und Lierre Keith

Nicht ohne Fett
Von Romy Dollé

pure food – Frühstück + Brunch
Von Romy Dollé

Mehr Bücher unter:
http://www.goodreads.com/shelf/show/paleo

Tipp 1

Schlaf dich fit!

Bei den meisten gehören sie zum Alltag wie der Kaffee zum Morgen: Schlafprobleme. Die einen schlafen abends nicht ein, andere in der Nacht nicht durch und wieder andere wachen regelmäßig morgens um vier auf und schlafen nicht mehr ein. Gegen Schlafstörungen gibt es einige Tricks.

Das beginnt schon beim Abendessen. Eiweißreiche Mahlzeiten möglichst ohne Kohlenhydrate sorgen dafür, dass der Körper schon einmal herunterfahren kann. Viel trinken ist gesund, aber bitte nicht mehr abends. Ein Orangenblütentee beruhigt die Nerven. Überhaupt ist das A und O des erholsamen Schlafs die Entspannung schon während des Abends.

Auch Alltagssorgen oder Bürostress haben im Bett nichts verloren. Dort kannst du sie sowieso nicht lösen. Arbeiten und Probleme lösen kannst du am nächsten Tag, also denk an etwas anderes.

Falls du zu jenen armen Menschen gehörst, die nachts nicht durchschlafen, weil sie jede Nacht zur Toilette müssen, solltest du immer vor dem Zubettgehen nochmals aufs stille Örtchen, auch wenn du nicht musst.

Wer einen empfindlichen Schlaf hat und durch die leisesten Geräusche aufwacht, sollte sich dringend an Ohropax gewöhnen. Im Detailhandel gibt es inzwischen unzählige Sorten, die für die Ohren sehr bequem sind.

Und bitte nicht nach der ersten Nacht schon aufgeben. Unsere Ohren brauchen eine Gewöhnungsphase.

Bei mir haben die Dinger inzwischen sogar einen psychologischen Effekt. Wenn ich Ohropax trage, ist die ganze Außenwelt ausgeblendet. Das hilft beim Schlafen, aber auch beim Lernen oder im Geschäft, wenn ich mich auf meine Texte konzentrieren muss.

Achte auch darauf, dass du möglichst regelmäßig schläfst, also immer ungefähr zur gleichen Zeit schlafen gehst. Unser Körper liebt den Rhythmus, deshalb haben wir auch immer ungefähr zur selben Zeit Hunger. Ich brauche seit Jahren keinen Wecker mehr. Mein Körper weiß ganz genau, wann er aufstehen muss. Und weil ich nicht vom Wecker aus dem Schlaf gerissen werde, kann es auch nicht passieren, dass ich in einer Tiefschlafphase aufgeweckt werde. Dann nämlich hat unser Gehirn wahnsinnige Mühe und will eigentlich die Phase noch zu Ende schlafen. Wir nennen diesen Zustand auch **»schlaftrunken«**.

Ein Schlafzimmer sollte übrigens auch nicht zu warm sein. 18 bis 20 °C reichen aus und sind für den richtigen Schlaf optimal.

Wenn du trotzdem nicht abschalten kannst, konzentrier dich auf deine Atmung. Du kannst beispielsweise den Rhythmus beim Ein- und Ausatmen mitzählen.

Weitere Informationen findest du hier:

http://www.charite.de/dgsm/dgsm/patienteninformationen_ratgeber.php

http://www.sprechzimmer.ch/sprechzimmer/Senioren/Schlafstoerungen_Tipps_fuer_einen_guten_Schlaf.php

Tipp 2

Romy's Trainings-Tipp:

Nüchtern trainieren am Morgen

(Dauer: Cardio-Training 21 Minuten/Krafttraining 30 Minuten)

Seit ich mich an das Training morgens vor dem Frühstück gewöhnt habe …

- »bin ich zufriedener: Ich habe mein Fitnesstraining absolviert und es besteht keine Möglichkeit, dass im Laufe des Tages eine »Ausrede« das Training verhindert.«
- »fühle ich mich frisch und gut gelaunt.«
- »habe ich Hunger und Lust auf ein gesundes Frühstück.«
- »bin ich entspannter, weil ich mich schon bewegt und gedehnt habe.«
- »nehme ich mir Zeit für mich und meine Gesundheit (sollte auch für dich erste Priorität sein).«
- »bin ich mit meinem Aussehen glücklicher, weil meine Muskulatur definierter und damit sichtbarer ist. Durch das Training baue ich Körperfett ab und Muskeln auf. Denn die Kohlenhydratspeicher werden während der Nachtruhe aufgebraucht. Die notwendige Energie für das Training muss der Körper für das Training aus den Fettreserven holen. Es findet automatisch ein Abbau von Körperfett statt.«
  mehr Info[1]

Entweder mache ich ein PEAK8-Training auf dem Crosstrainer, mit dem Springseil oder draußen ein Sprinttraining. Als Beispiel folgt ein PEAK8-Sprinttraining (8 Intervalle, total 21 Minuten):

Aufwärmen:

- 3 Minuten locker rennen

Intervall: (8× wiederholen)

- 30 Sekunden so schnell rennen wie möglich, wirklich ans Limit gehen und alles geben
- 90 Sekunden gehen oder langsam rennen und erholen

Auslaufen:

- 90 Sekunden langsam gehen und tief durchatmen.
- Die gleichen Aufwärm-, Intervall- und Auslaufzeiten wende ich auch auf dem Crosstrainer oder mit dem Springseil an.
- Das Training kann ich auch in den Ferien und auf Geschäftsreisen durchziehen. Springseil und Sportschuhe haben in jeder Reisetasche Platz.
  Beispiel Krafttraining[2]

[1] S. 43/[2] S. 106

Tipps

Tipp 3

»Slow Motion«

Entschleunige deinen Alltag

(Dauer 1 bis max. 2 Minuten)

✓ Sitz oder steh aufrecht mit den Füßen schulterbreit auseinander, Gewicht auf beide Füße gleichmäßig verteilt. Schultern entspannt hängen lassen und die Hände flach auf den unteren Rücken im Nierenbereich auflegen.

✓ Tief durch die Nase einatmen. Stell dir vor, wie die Luft durch deinen Bauch bis unter deine Händen in den unteren Rücken fließt. Durch die Nase wieder ausatmen. Ein ganzer Atemzug (ein- und ausatmen) dauert 8 bis 10 Sekunden. Die Übung 8- bis 12-mal wiederholen.

✓ Diese Übung sorgt für mentale und körperliche Entspannung während der Arbeit, vor dem Schlafengehen, bei Ärger und in jeder Situation, in der du kurz und effizient entspannen möchtest. Die Übung kann auch angewendet werden, wenn Lust auf etwas Süßes, eine Zigarette oder Alkohol sich bemerkbar machen. Du wirst sehen, dass du nach der Übung immer öfter keine Lust mehr auf die ungesunden Gewohnheiten hast.

Fazit

✓ Ein effektives Hilfsmittel, um unauffällig und ortsunabhängig zu entspannen und dein Wohlgefühl zu steigern.

Tipp 4

Sabina:

»Sei ein bisschen verrückt!«

Viele **pure food**-Anfänger kämpfen mit dem gleichen Problem: Sie wissen in der Startphase nicht, was sie kochen sollen. Falls du wie ich zu den Menschen gehörst, die mit Kochbüchern nicht recht klarkommen, kann ich nur raten, sei verrückt! Mit anderen Worten: Mach aus dem Kochen ein Experiment. Stell dir Zutaten und Gewürze vor, die du besonders magst, und misch sie zusammen. Es gibt schließlich kein Gesetz, das verbietet, Weißkohl mit Zimt zu würzen oder in den Spinat Zitronensaft zu mischen. So machst du aus deinem vermeintlichen Problem eine kreative Kunst mit einer besonderen Herausforderung. Der große Vorteil daran ist, dass du dir mit der Zeit drei, vier Rezepte zusammenstellen kannst, die du im Schlaf kochen könntest und die dir absolut schmecken.

Tipp 5

Jasmin:

»Wie versorge ich mich unterwegs?«

Mir hat es sehr geholfen, eine »Notfallration« von 10–20 Mandeln, zwei hart gekochten Eiern, einem Pack Bündnerfleisch, einer Karotte und einer Peperoni praktisch immer dabei zu haben. (falls mich der Hunger überrascht). Wenn das einmal nicht geklappt hatte oder es sehr spät wurde, griff ich zu meinem Geheimtipp: Dönerbox, mit Salat, Tomate usw. nur mit Fleisch und dem scharfen Paprikapulver.

Tipp 6

App-Tipps

Unterstütze dein Workout!

App 1

Workout Hero

(eigene Musik kann während des Workouts abgespielt werden)

Anleitung:

- App öffnen
- auf »Calendar« unten rechts gehen
- dann oben links auf das Symbol der Stoppuhr klicken
- oben rechts auf den Button »Music« (falls die eigene Musik verwendet werden möchte) und mit der Taste »Pick your Music« (aus eigener Bibliothek gewünschte Musik wählen)
- dann oben links auf Taste »Back"
- auf »Tabata«
- dann auf das kleine Symbol »i« oben links und rechts oben auf »Edit«
- dann auf »Workout« (bei Bedarf umbenennen)
- unter »Sets for completion«: Anzahl Sätze eingeben, Anzahl der Übungen und Sätze pro Übung zusammen (Bsp. 5 versch. Übungen à jeweils 2 Sätze = 10 Runden)
- unter »Work Time«: Dauer der Aktivitätszeit eingeben (= Takt 30 oder 45 Sekunden)
- unter »Rest Time«: Länge der Pause eingeben (= Takt 15 oder 30 Sekunden)
- dann die verschiedenen Töne auswählen »Action Sound«: Startton für Beginn der Aktivität
- »Rest Sound«: Anfangston der Pause
- »Completion Sound«: Endton wenn alle Übungen und Sätze absolviert sind und gesamtes Workout beendet ist (jeweils zurück nach »Soundauswahl« mit oben links »Edit Workout"
- wenn alles ausgewählt ist oben rechts auf »Save"
- dann auf »Done«, nochmals auf »Done"
- dann oben links auf »Start"

App 2

Interval Timer – For Fitness and Workouts

Anleitung:

- App öffnen
- Oben rechts auf das Symbol »Uhr« drücken
- Unter »Namen« dem Workout einen Namen geben
- Mit »Back« oben links wieder zurück
- Unter »Warm-up« und dann »Duration« die gewünschte Zeit für das Aufwärmen eingeben
- Unter »Sound« gewünschten Ton für die Anfangs- und Endzeit des Aufwärmens angeben
- Mit »Back« oben links wieder zurück
- Bei »Internal Cycle« unter »Number of Sets« die gewünschte Anzahl der Sätze eingeben
- Unter »First Interval« angeben, ob mit dem »High Interval« oder dem »Low Interval« begonnen werden soll
- Unter »High Intensity«, dann »Duration« die Workoutzeit eingeben
- Unter »Sound« den gewünschten Ton zum Einläuten der Workoutzeit wählen
- Unter »Low Intensity«, dann »Duration« die Pausenzeit eingeben
- Unter »Sound« Ton zum Kennzeichnen der Pause auswählen
- Mit »Back« oben links wieder zurück
- Wenn der ganze Block wiederholt werden soll, »Repeat«-Balken aktivieren
- Unter »Number of Cycles« gewünschte Rundenanzahl eingeben
- Mit »Back« oben links wieder zurück
- Unter »Rest Time«, dann »Duration« die Pausenzeit eingeben, da die App davon ausgeht, dass während beider Intervalle gearbeitet wird
- Unter »Sound« den gewünschten Ton auswählen
- Mit »Back« oben links wieder zurück
- Unter »Cool Down«, dann »Duration« die jeweilige Zeit, z. B. für das Dehnen, eingeben
- Unter »Sound« den dafür vorgesehenen Ton auswählen
- Mit »Back« oben links wieder zurück
- Oben rechts auf »Done« drücken
- »Save as new« drücken, wenn ein neues Workout hinzugefügt werden soll
- Auf »Update Routine« drücken, falls die Änderungen im vorhandenen Workout gespeichert werden sollen
- Zum Starten den grünen »Start«-Button drücken
- Zum Zurücksetzen der Zeit den blauen »Reset«-Button drücken
- Um während laufender Zeit auf Pause zu stellen, den roten »Pause«-Button drücken
- Das »Schloss«-Symbol unten links sperrt bei Bedarf den Bildschirm
- Das »Notenschlüssel«-Symbol unten rechts spielt auf Wunsch Musik ab
- Mit dem »Kreis«-Symbol unten in der Mitte unter »Volume« die gewünschte Lautstärke der Töne einstellen
- Unter »Vibration« Vibration, ein- oder ausschalten
- Oben rechts auf »Done« drücken

Info

Sibylle:

»Meine absolute thailändische Leibspeise«

Dieses Curry war für mich schon als Kind meine absolute thailändische Leibspeise, die ich mir auch noch heute von meiner Mutter wünsche, wenn ich sonntags zu Hause vorbeischaue.
Es ist ein Gericht, das lecker, würzig, cremig und sättigend ist. Früher habe ich Reis oder Reisnudeln dazu gegessen. Die lasse ich heute weg, und es schmeckt trotzdem noch genau gleich gut. Alle benötigten Zutaten sind im normalen Supermarkt und bei asiatischen Lebensmittelläden zu finden.

Falls du es weniger scharf magst, gib kaum Pfefferkörner und Chilis in die Currypaste und verzichte beim Kochen auch auf die Beigabe von Pfefferkörnern. Natürlich kannst du auch etwas weniger Currypaste und mehr Kokosmilch hinzugeben oder anstatt Pouletfleisch Fisch oder Garnelen verwenden. Dieses Rezept ist schließlich nicht in Stein gemeißelt und jeder sollte dem Gericht seine persönliche Note hinzufügen.

Grünes Thai-Curry

Rezept S. 164

Ich wünsche dir einen guten Appetit!

Info

Abkürzungen für Mengenangaben

EL = Esslöffel
TL = Teelöffel
kg = Kilogramm
g = Gramm
dl = Deziliter

Benno Berchtold:

Wie Benno sich Leistungsfähigkeit und Lebensqualität »anfutterte«

«Höchste Zeit, etwas zu ändern!«, dachte sich der 38-jährige Benno und stellte im Juli 2012 auf das **pure food**-Prinzip um. Obwohl er sich damals bereits ausgewogen ernährte und auf gesunde Lebensmittel setzte, fühlte er sich sehr müde, ausgelaugt und antriebslos. Der Anteil an Getreideprodukten, so weiß er im Nachhinein, war zu hoch. Sein Leistungslevel hatte sich deshalb über die Zeit verschlechtert. Benno baute sein Fitnessprogramm aus, machte mentale Trainings und Entspannungsübungen, doch seine Gesamtverfassung verbesserte sich nur minimal.

Der zweifache Familienvater hinterfragte seine Ernährungsweise. Über Recherchen im Internet stieß er dann in einem Gesundheitsforum auf das Paleo-Prinzip. Er stellte seine Ernährung um, und obwohl der Magen etwas haderte, fühlte er sich bereits nach drei Tagen weniger müde. »Meine Leistungsfähigkeit und Motivation stiegen rasch an. Ich benötige weniger Schlaf, um ausgeruht zu sein. Unbewusst habe ich vier Kilo abgenommen«, erzählt Benno.

Training halbiert

Nicht nur Bennos Ernährung hat sich verändert, sondern auch sein Trainingsprogramm. »Da ich früher viel Brot und Getreide gegessen habe, kämpfte ich oft mit der Müdigkeit und suchte Ausgleich im Sport. Ich habe länger trainiert und meinen Körper aktiv gepusht, um meiner Ernährung gegenzusteuern«, sagt Benno. Mit der neuen Ernährung reichen ihm vier bis 5 Trainings à 15 bis 20 Minuten pro Woche. Damit halbierte er sein Fitnessprogramm.

Vielen Leuten fällt es schwer, auf Pasta oder das Frühstücks-Croissant zu verzichten. Nicht aber dem gelernten Koch: »Auf das 5-Korn-Müsli zum Frühstück oder die Pasta zum Abendessen zu verzichten, fiel mir nicht schwer. Nur Brot wegzulassen war am Anfang etwas schwierig«, gesteht Benno. Hingegen strich er Milchprodukte ohne Weiteres aus seinem Menüplan, »Ich habe schon zuvor in der Milch nicht nur Positives gesehen.«
Mit oder ohne Pasta: Benno merkte schnell, dass das Switchen zwischen **pure food**-Ernährung und der Ernährung, die er früher kannte, nicht ideal ist. »Zu Beginn nahm ich mir vor, mich während der fünf Arbeitstage an die **pure food**-Ernährung zu halten und am Wochenende normal zu essen«, erzählt Benno überzeugt. Nach drei Wochen stellte ich fest, dass mir dieses Switchen nicht gut tat.

Mein Magen hatte Schwierigkeiten, die vielen Kohlenhydrate zu verarbeiten. Tatsächlich hatte sich mein Körper bereits auf die neue Ernährung eingestellt, und Rückschritte fielen heftig aus. Ich hatte beispielsweise nach einem 4-Gang-Menü im Restaurant drei Tage lang Blähungen und Bauchschmerzen. Je länger man sich konsequent mit **pure food** ernährt, desto kleiner wird das Bedürfnis, wieder wie vorher zu essen«, ist Benno überzeugt.

Fazit

Benno hat sich definitiv für **pure food** entschieden. Sein Schwerpunkt liegt beim Abendessen, denn es ist ihm wichtig, dass sein Körper sich abends und in der Nacht optimal regenerieren kann, damit er topfit in den nächsten Tag startet. Das **pure food**-Konzept hat ihn überzeugt: »Ich empfehle die **pure food**-Ernährung allen, die ihre Leistungsfähigkeit und Lebensqualität steigern wollen.»

Sibylle Egloff:
Mein Testimonial

Seit gut zwei Monaten ernähre ich mich nach dem **pure food**-Prinzip. Da ich am Projekt **pure food. pure training.** als Co-Autorin beteiligt bin, wollte ich diese Art der Ernährung unbedingt testen. Ich war sehr gespannt auf die Auswirkungen der Ernährungsumstellung und freute mich insgeheim schon auf die erhofften positiven Veränderungen, wie Steigerung der Leistungsfähigkeit und des Wohlbefindens, Verbesserung und Definierung des Körpers und natürlich auf die purzelnden Pfunde. Außerdem wollte ich mich selbst durch die **pure food**-Ernährung testen und herausfinden, wie stark mein Durchhaltevermögen und meine Disziplin sind.

Die ersten beiden Wochen, während derer ich auf meine geliebte Pasta und die käsig-cremigen Saucen verzichten musste, waren in der Tat hart. Ich fühlte mich noch müder und antriebsschwächer als sonst und hatte zudem an der Uni und im Büro sehr viel Stress. Obwohl ich in den ersten zwei Wochen nur ein Kilo abgenommen hatte, gab ich nicht auf.

Mein Start ins **pure food**-Leben war nicht einfach. Ich litt unter Gefühlsschwankungen, war schnell gereizt, und das größtenteils völlig unbegründet. Ich wusste während der Ernährungsumstellung oft nicht, was ich kochen sollte. Ich hatte keine Ideen. Das lag vermutlich daran, dass ich alle Gerichte immer mit Rahm, Käse, Milch, Quark und Joghurt verfeinert hatte. Mit der Zeit habe ich aber meine Rezepte gefunden, für welche man nicht stundenlang in der Küche stehen muss, die den **pure food**-Richtlinien entsprechen und zudem noch lecker schmecken. Dazu gehören beispielsweise Meatballs mit Ratatouille, Avocado-Crevettencocktail oder Grünes Curry mit Poulet.

Sehr schwierig war es für mich, auf Käse, wie Mozzarella und Parmesan, oder auf Teigwaren zu verzichten. Nach einem Pasta-Ausrutscher plagte mich aber neben meinen Verdauungsschwierigkeiten auch das schlechte Gewissen. Ich beschloss also, den **pure food**-Plan um eine Woche zu verlängern und mich ausnahmslos an die Regeln zu halten. Und siehe da: Nach den zwei Horror-Wochen ging es stetig bergauf. Die Kilos purzelten. Nach vier Wochen waren es insgesamt drei Kilos. Klingt nicht nach viel, aber ich fühle mich wie befreit und spüre jedes Kilo weniger auf meinen Rippen. Ich bin viel ausgeglichener, nicht mehr so schnell gereizt und habe mehr Kraft und Energie, um meinen vollgeplanten Tag zu managen.

Ich ernähre mich auch nach den vier Wochen mit dem **pure food**-Plan immer noch nach dem Paleo-Prinzip, jedoch nur während der Woche. Am Wochenende befolge ich die Regeln weniger strikt. Natürlich versuche ich zu vermeiden, an einem Tag Brot zum Frühstück, zum Lunch Pasta mit Käsesauce und abends Pizza und ein Dessert zu verdrücken. Doch die eine oder andere Ausnahme ist für mich okay. Zugegeben: Danach fühle ich mich unwohl und leide oftmals unter Bauchschmerzen. Ob ich also dabei bleibe, wird die Zeit zeigen.

Fazit

Ich persönlich ziehe eine positive Bilanz aus meinem Test. Ich habe mich in dieser Zeit viel bewusster mit meiner Ernährung und mit Lebensmitteln im Allgemeinen auseinandergesetzt, was viele Leute zu wenig tun. Diese Zeit hat mir klar gemacht, wie wichtig die Ernährung ist und was sie alles bewirken kann. Ich fühle mich besser, fitter und wacher. Ich werde mich weiterhin so ernähren und hoffe, meinen Körper noch etwas besser zu formen und ein paar Pfündchen loszuwerden.

Daniela Della Mora

Pimp your Body – Pimp your Soul!

Daniela hat zu Beginn des Jahres 2012 beim Speed Training mitgemacht und war nach dem sechswöchigen Kurs vollauf begeistert. »Speed Training ist das Beste von allen Kursen und Sportarten, was ich bisher gemacht habe«, sagt Daniela gut ein halbes Jahr nach ihrer Teilnahme am Intensivtraining.

Die 41-Jährige suchte aus verschiedenen Gründen das **pure training**-Studio in Zürich auf. »Ich bin zweifache Mutter und habe keine Zeit, stundenlang zu trainieren«, außerdem erhoffte sich Daniela, durch Training Gewicht zu verlieren und Muskeln aufzubauen. Das kurze und intensive Training über den Mittag hat sie neugierig gemacht. Sie hoffte, durch dieses Training ihr Wohlbefinden verbessern zu können: »Wenn man im Alter von 40 nichts mehr macht, fühlt man sich nicht mehr wohl. Ich habe gemerkt, dass sich mein Stoffwechsel verschlechtert hat, fühlte mich müde und schlapp.« All diese Überlegungen haben Daniela dazu bewogen, am Kurs teilzunehmen.

[1] www.davedolle.com/blog/training

Danielas Trainings-Feedback:

abwechslungsreich und streng – und genial.

»In den 30 Minuten erzielten wir das absolute Maximum«, Der »Bodypimp« verschaffte ihr und den anderen Teilnehmerinnen ein Hochgefühl in der Garderobe, nachdem sie fix und fertig die Treppe zur Umkleide förmlich heruntergekrochen waren: »Es war jedes Mal ein tolles Gefühl. Ich war stolz auf mich, dass ich das Training so gut schaffte.« Daniela nennt das halbstündige Training auch »bewusst gelebte Zeit für den Körper«. Die wenigsten Menschen würden dies alleine so intensiv machen, daher sei das Workout im Team sehr motivierend.

Die Frage, ob die kohlenhydratarme und proteinreiche Mahlzeit nach dem Training und zu Hause ihr Schwierigkeiten bereitet hätten, verneint Daniela grundsätzlich. »Ich habe mich, schon seitdem meine Kinder auf der Welt sind, mit dem Thema gesunde Ernährung auseinandergesetzt und viel darüber gelesen. Deshalb fiel mir die Ernährungsumstellung nicht schwer. Ich musste auch nicht groß umstellen«, erzählt Daniela. Sie habe genau das Gleiche wie ihre Familie gegessen, nur ohne die kohlenhydratlastigen Lebensmittel. Der Versuchung von Brot und Pasta habe sie tapfer widerstanden.

Fazit

Wenn auch nicht mehr ganz so intensiv, so hat Daniela dennoch mit dem Speed Training auch nach dem Kurs nicht aufgehört: »Mit meinem Mann mache ich zu Hause auf dem Hometrainer oder beim Joggen das Intervall-Training.« Dabei fällt ihr auf, dass der Körper eine andere Ernährung verlangt, je nachdem, ob sie trainiert oder nicht: »Nach dem Training schreit mein Körper nach Eiweiß. Trainiere ich eine Weile nicht, bekomme ich Lust auf Brot und kohlenhydratreiche Lebensmittel.«

«Heute fühle ich mich viel vitaler, und ich habe den Eindruck, dass ich durch meine aufgebauten Rücken- und Bauchmuskeln eine bessere Körperhaltung erzielt habe. Kilos habe ich keine verloren, dafür konnte ich von Kleidergröße 38 auf 36 umsteigen. Ich musste sogar ein Kleid, dass ich anlässlich einer Hochzeit gekauft hatte, umtauschen und eine Größe kleiner nehmen«, erzählt Daniela stolz.

Sandro Colletti

Schmeiß' deine Gewohnheiten über den Haufen!

Zugegeben:
«Auf **pure food** umzustellen, war ziemlich ungewohnt«, sagt Sandro.
«Ich habe oft aus lauter Gewohnheit Ungesundes gegessen und getrunken. Explizit gefehlt haben mir ‹verbotene› Lebensmittel aber nicht, eher war es eine Frage von Wille und Disziplin.»

Der 35-Jährige musste seine alten Gewohnheiten über den Haufen werfen. Also fing er an, seine Ernährung zu planen und entsprechend zu organisieren. Um sich auch an hektischen Tagen gemäß **pure food** zu ernähren, kochte Sandro seine Mahlzeiten vor und hatte so immer seine Paleo-Tupperwarebox dabei. Inzwischen klappt die Organisation der Mahlzeiten problemlos.

Während der ersten Woche fühlte sich Sandro müde und hatte eher Mühe mit körperlicher Anstrengung. Doch in der zweiten Woche lösten sich diese Symptome in nichts auf. Heute hat er kaum mehr Lust auf Süßes. Im Gegenteil: Innerhalb der **pure food**-Ernährung hat er viele neue Lieblingsspeisen gefunden, die er sich jetzt regelmäßig zubereitet.

Die **pure food-**Philosophie überzeugte ihn. »Ich wollte in erster Linie eine bewusste und gesunde Ernährungsmethode kennen und anwenden lernen. Zudem sah ich im pure training das Potenzial, mein Körperfett zu verringern und einen optimalen Umgang mit den Ressourcen meines Körpers zu erreichen«, erklärt der gelernte Informatiker seine Beweggründe, **pure food. pure training.** auszuprobieren.

Sandros Wohlbefinden, wie auch seine Fitness vor der Umstellung waren grundsätzlich gut. »Aber jeweils vor Trainingseinheiten wollte und musste ich öfter etwas zu mir nehmen, da ich das Gefühl hatte, meinem Körper die entsprechende Energie für die bevorstehende Leistung zuführen zu müssen«, sagt Sandro. Zudem hatte er öfter über den Tag verteilt das Bedürfnis, etwas zu essen. Vor der Umstellung war er zufrieden mit seiner Fitness. »Im Nachhinein jedoch habe ich festgestellt, dass sich diese nochmals eindeutig verbessert hat.»

Von fit zu topfit

Das Training selbst hat sich für Sandro nicht groß verändert: »Trotzdem sind die Resultate, die ich durch dieses Prinzip erreiche, eindrucksvoll. Beispielsweise ist meine Leistungsfähigkeit beim Training in vollem Umfang abrufbar. Ich stelle fest, dass ich, auch ohne über einen längeren Zeitraum etwas gegessen zu haben, ein strenges Training absolvieren kann. Leistungseinbußen sind passé – nicht nur bei sportlichen »Tätigkeiten«. Sandro fühlt sich generell viel leistungs- und konzentrationsfähiger.

Auch die sichtbaren körperlichen Veränderungen erstaunten Sandro. Sein Körperfett hat sich weiter reduziert. Sein Körperbild hat sich massiv verbessert. »Die so erreichten Veränderungen haben definitiv auch einen sehr positiven Einfluss auf meine Psyche und Selbstwahrnehmung«, erzählt er stolz.

Fazit

Sandro hält sich weiterhin an die Paleo-Prinzipien. Zwar nicht mehr derart strikt, wie während der Testphase, jedoch achtet er auch jetzt auf die entsprechenden Nahrungsmittel, deren Komponenten und Zusätze. Manchmal würden Ausnahmen eine willkommene Möglichkeit bilden, um festzustellen, ob gewisse Dinge einem noch schmecken und gut tun oder nicht.

Sandros Fazit: »Ich empfinde diese Art der Ernährung als sehr effizient und nach der Eingewöhnungsphase sehr leicht einzuhalten. Die bessere Verfügbarkeit der eigenen physischen, wie auch psychischen Leistung, ein verbessertes Körperbild, stärkere und positivere Selbstwahrnehmung steigern die Lebensqualität enorm.»

Anonymer Testimonial

6 Kilo in 6 Wochen sind möglich!

Die Dame, von der nun erzählt wird, möchte anonym bleiben, nichtsdestotrotz sind ihre Erfahrungen der Rede wert. Sie hat sehr gute Resultate mit dem Speed Training-Kurs[1] und der kohlenhydratarmen Ernährung erzielt.
Schon vor dem Speed Training im Dave Dollé Pure Training Studio[1] in Zürich trainierte sie mit einem Personal Trainer. »Meine Motivation war es, mich wohler und fitter zu fühlen, Gewicht zu verlieren und Muskelmasse aufzubauen. Die Kombination aus einem intensiven, kurzen Training und der anschließenden gesunden, passenden Ernährung hat mich gereizt«, erklärt sie ihre Beweggründe, beim Speed Training mitzumachen.

Nach sechs Wochen ist sie vom effizienten Training überzeugt: »Innerhalb von 30 Minuten erreicht man mehr, als wenn man alleine trainiert oder ein Fitnessprogramm absolviert.« Es seien einfache Übungen, die man zu Hause im Alleingang anwenden könne. Ein weiterer Vorzug des Speed-Training-Kurses sei das Trainieren im Team. »Die Trainer sind super sympathisch, motiviert und helfen uns, damit wir unsere Ziele erreichen«, erzählt sie begeistert.

[1] www.davedolle.com/blog/training

Auch die Ernährungsumstellung zeigt bei ihr Wirkung: »Ich ernähre mich bewusster und gesünder.« Zwar hat sie sich an die Ernährungsempfehlungen gehalten, jedoch nicht konsequent: »Unter der Woche habe ich kohlenhydratarm gegessen, aber am Wochenende achtete ich weniger darauf. Ich habe gemerkt, dass, wenn ich beispielsweise Gratin oder Pasta zu Mittag aß, ich am Nachmittag im Geschäft von Müdigkeit überfallen wurde oder nach wenigen Stunden wieder Hunger hatte. Wenn ich mich jedoch an die empfohlene Ernährungsweise hielt, verspürte ich bis zum Abend keinen Appetit.»

Fazit

Das Training hat ihr zu ihrem Ziel verholfen. Beachtliche sechs Kilo haben sich in nichts aufgelöst. fünf Prozent Körperfett, fünf Zentimeter Hüftumfang sowie vier Zentimeter Umfang an den Oberschenkeln hat sie verloren. Außerdem kann sie nun in den Modegeschäften die Jeans zwei Größen kleiner kaufen. »Ich habe durch das Speed Training gelernt, mich bewusster zu ernähren, effizienter zu trainieren und ich habe viel bessere Resultate erzielt, als bei einem normalen Fitnesstraining. »Ich kann es nur jedem weiterempfehlen«, fasst sie zusammen.

Romy zeigt eindrücklich ihre eigenen Erfahrungen zur optimalen Gesundheit mit dem Paleo-Ansatz – der Paleo-Code.

Fließend zu lesen und schön anzuschauen. Der Paleo-Code macht es einfach für jederman/-frau, die Grundsätze zu lernen und mit Paleo sofort zu starten. Zudem zeigt sie im Buch diverse Trainingseinheiten für die ganze Familie, damit alle zusammen fit werden können.

Es ist ein Muß dieses Buch zu lesen!

Nell Stephenson

BIOGRAFIE

Nell Stephenson ist Co-Autorin von „The Paleo Diet Cookbook“.

Sie schreibt regelmässig in „The Paleo Diet Newsletter“, „USA Triathlon“ und andern Publikationen. Sie betreibt ein eigenes Beratungsunternehmen, wo sie aktiv online Paleo Ernährungs-Beratungen anbietet. Als aktive Triatlethin nimmt sie regelmässig an Wettkämpfen teil. Sie konnte sich mehrfach für die Ironman Weiltmeisterschaften auf Hawaii qualifizieren.

Mehr Informationen zu Nell findet ihr hier:
www.paleoista.com

Impressum

Redaktion: Romy Dollé, Zumikon/Schweiz

Lektorat: Agentur Hochsaison GbR, Anne-Kathrin Scheu

Umschlaggestaltung: Agentur Hochsaison GbR, Odenthal

Produktion & Reinzeichnung: Agentur Hochsaison GbR, Odenthal

Druck: Generál Druckerei GmbH, Szeged/Ungarn

ISBN: 978-3-927372-86-3
2. Auflage

Sprache: Deutsch
(Sie finden in diesem Buch einige schweizer-deutsche Begrifflichkeiten – dies wurde bewusst belassen, da die Autorin in der Schweiz lebt und arbeitet.)

Urheberrechte:

Abbildungsrechte:

siehe Urheberrechte

Hinweis:

Alle Informationen und Hinweise, die in diesem Buch enthalten sind, wurden von den Autoren nach bestem Wissen erarbeitet und von ihnen und dem Verlag mit größtmöglicher Sorgfalt überprüft. Unter Berücksichtigung des Produkthaftungsrechts müssen wir allerdings darauf hinweisen, dass inhaltliche Fehler und Auslassungen nicht völlig auszuschließen sind. Für etwaige fehlerhafte Angaben können die Autoren, Verlag und Verlagsmitarbeiter keinerlei Verpflichtung und Haftung übernehmen. Korrekturhinweise sind jederzeit willkommen und werden gerne berücksichtigt.

LOGI-Methode

Glücklich und schlank. (Bestseller, Spiralo)
Mit viel Eiweiß und dem richtigen Fett. Das komplette LOGI-Basiswissen. Mit umfangreichem Rezeptteil.
Dr. Nicolai Worm
978-3-942772-96-9 — 19,99 €

Das große LOGI-Kochbuch. (Bestseller, Spiralo)
120 raffinierte Rezepte zur Ernährungsrevolution von Dr. Nicolai Worm. Mit exklusiven LOGI-Kompositionen der Spitzenköche Alfons Schuhbeck, Vincent Klink, Ralf Zacherl, Christian Henze und Andreas Gerlach.
Franca Mangiameli
978-3-942772-79-2 — 19,99 €

Das neue große LOGI-Kochbuch. (Bestseller, Spiralo)
120 neue Rezepte – auch für Desserts, Backwaren und vegetarische Küche. Jede Menge LOGI-Tricks und die klügsten Alternativen zu Pizza, Pommes und Pasta.
Franca Mangiameli | Heike Lemberger
978-3-942772-88-4 — 19,99 €

Abnehmen lernen. In nur zehn Wochen! (Spiralo)
Das intelligente LOGI-Power-Programm zur dauerhaften Gewichtsreduktion. Mit diesem Tagebuch werden Sie Ihr eigener LOGI-Coach!
Heike Lemberger | Franca Mangiameli
978-3-942772-59-4 — 18,99 €

Das große LOGI-Back- und Dessertbuch. (Bestseller)
Über 100 raffinierte Dessertrezepte, die Sie niemals für möglich gehalten hätten. So macht Leben nach LOGI noch mehr Spaß! Mit ausführlichem Stevia-Extrakapitel.
Franca Mangiameli | Heike Lemberger
978-3-927372-66-5 — 19,95 €

Das große LOGI-Grillbuch.
120 heiß geliebte Grillrezepte rund um Gemüse, Fisch und Fleisch. Ein Fest für LOGI-Freunde.
Heike Lemberger | Franca Mangiameli
978-3-942772-12-9 — 18,00 €

Das große LOGI-Fischkochbuch.
Köstliche Gerichte mit Fisch und Meeresfrüchten aus heimischen Gewässern und aus aller Welt.
Susanne Thiel | Anna Fischer
978-3-942772-07-5 — 19,99 €

Vegetarisch kochen mit der LOGI-Methode.
LOGI ohne Fisch und Fleisch? Na klar! 80 innovative und kreative LOGI-Veggie-Rezepte. Wenige Kohlenhydrate – glutenfrei!
Susanne Thiel | Dr. Nicolai Worm
978-3-927372-80-1 — 19,95 €

Leicht abnehmen! Geheimrezept Eiweiß.
Gewicht verlieren mit Eiweiß und Formula-Mahlzeiten. Und dann: gesund und schlank auf Dauer mit LOGI.
Dr. Hardy Walle | Dr. Nicolai Worm
978-3-95814-009-7 — 19,99 €

Leicht abnehmen! Das Rezeptbuch.
Gewicht verlieren mit Eiweiß und Formula-Mahlzeiten. Und für danach: 70 einfache und abwechslungsreiche LOGI-Rezepte.
Dr. Hardy Walle
978-3-927372-40-5 — 12,95 €

Eiweiß-Guide. (NEU)
Tabellen mit über 500 Lebensmitteln bewertet nach ihrem Eiweißgehalt und ausgewählten Aminosäuren.
Franca Mangiameli | Heike Lemberger
Dr. Nicolai Worm
978-3-942772-64-8 — 9,99 €

Fett Guide.
Wie viel Fett ist gesund? Welches Fett wofür? Tabellen mit über 500 Lebensmitteln, bewertet nach ihrem Fettgehalt und ihrer Fettqualität.
Heike Lemberger
Ulrike Gonder | Dr. Nicolai Worm
978-3-942772-09-9 — 9,99 €

LOGI-Guide. (Bestseller)
Tabellen mit über 500 Lebensmitteln, bewertet nach ihrem glykämischen Index und ihrer glykämischen Last.
Franca Mangiameli
Dr. Nicolai Worm | Andra Knauer
978-3-942772-02-0 — 6,99 €

Die LOGI-Kochkarten.
Die besten LOGI-Rezepte. Einfallsreich, einfach, preiswert.
978-3-942772-54-9 — 17,99 €

Das große LOGI-Familienkochbuch.
Die LOGI-Ernährungsmethode für die ganze Familie in Theorie und Praxis. Mit 100 tollen Rezepten, die auch Kindern schmecken.
Marianne Botta | Dr. Nicolai Worm
978-3-927372-96-2 — 19,99 €

Endlich schlank ohne Diät.
Erfolgreich abnehmen ohne Jo-Jo-Effekt und Kalorienzählen - nach dem LOGI-Erfolgsprinzip von Dr. Nicolai Worm.
Anna Cavelius
978-3-942772-10-5 — 9,99 €

Der LOGI-Muskel-Coach.
Die ultimative Sporternährung für Muskelaufbau und Ausdauertraining.
Dr. Torsten Albers | Dr. Nicolai Worm
Kirsten Segler
978-3-942772-13-6 — 19,99 €

Mehr vom Sport! Low-Carb und LOGI in der Sporternährung.
Unter Mitwirkung zahlreicher Spitzensportler: Boxweltmeister Felix Sturm, Schwimmprofi Mark Warnecke, Leichtathlet Danny Ecker und viele mehr.
Clifford Opoku-Afari | Dr. Nicolai Worm
Heike Lemberger
978-3-927372-41-2 — 19,95 €

LOGI und Low Carb in der Sporternährung. (Für Fachkreise)
Glykämischer Index und glykämische Last – Einfluss auf Gesundheit und körperliche Leistungsfähigkeit.
Jan Prinzhausen
978-3-927372-30-6 — 24,90 €

Bauch, Beine, Po – das LOGI-Workout für Frauen. (DVD)
Inklusive ausführlichem Booklet.
Matthias Maier | Dr. Nicolai Worm
978-3-927372-98-6 — 14,95 €

LOGI im Alltag, in der Praxis und in der Klinik.
Andra Knauer
978-3-942772-31-0 — 8,99 €

Die LOGI-Jubiläumsbox. (Spiralo)
Zehn erfolgreiche, glückliche und schlanke Jahre mit der LOGI-Methode.
Enthält DIE drei Standardwerke rund um die LOGI-Methode zum Jubiläumspreis.
- Glücklich und schlank.
- Das große LOGI-Kochbuch.
- Das neue große LOGI-Kochbuch.

Dr. Nicolai Worm | Franca Mangiameli
Heike Lemberger
978-3-927372-68-9 — 50,00 €
(erhältlich solange der Vorrat reicht)

Noch mehr LOGI.
Die LOGI-Fisch-, -Back- und -Grillbox.
Über 400 raffinierte Rezepte.
Die Box beinhaltet:
- das große LOGI-Fischkochbuch
- das große LOGI-Grillbuch,
- das große LOGI-Back- und -Dessertbuch

Heike Lemberger | Franca Mangiameli
Susanne Thiel | Anna Fischer
978-3-942772-48-8 — 45,00 €
(erhältlich solange der Vorrat reicht)

LOGI durch den Tag. (Flipchart Tischaufsteller)
Kombinieren Sie Ihren LOGI-Abnehmplan aus 50 Frühstücken, 50 Mittagessen und 50 Abendessen. Maximale Sättigung mit weniger als 1.600 Kalorien und 80 Gramm Kohlenhydraten pro Tag!
Franca Mangiameli
978-3-927372-79-5 — 29,95 €

Das LOGI-Menü. (Flipchart Tischaufsteller)
Logisch kombiniert: 50 Vorspeisen, 50 Hauptgerichte, 50 Desserts.
Franca Mangiameli
978-3-927372-60-3 — 29,95 €

Die LOGI-Akademie. (Flipchart Tischaufsteller, Für Fachkreise)
LOGI lehren – LOGI verstehen. Ein Leitfaden zur Patientenschulung und zum Selbststudium.
Franca Mangiameli
978-3-927372-59-7 — 48,00 €

Gesundheit

Syndrom X oder Ein Mammut auf den Teller! (Bestseller)
Mit Steinzeitdiät aus der Wohlstandsfalle.
Dr. Nicolai Worm
978-3-927372-23-8 — 19,90 €

Heilkraft D. (Bestseller)
Wie das Sonnenvitamin vor Herzinfarkt, Krebs und anderen Zivilisationskrankheiten schützt.
Dr. Nicolai Worm
978-3-927372-47-4 — 15,95 €

Die Schlafmangel-Fett-Falle.
… wie Sie trotzdem gesund und schlank bleiben.
Dr. Nicolai Worm
978-3-927372-94-8 — 7,50 € ~~14,95 €~~

Das Fastenbuch. (Erscheint November 2014 – Vorbestellbar ab sofort!)
18 Kuren für alle Gelegenheiten.
Anna Cavelius
978-3-927372-85-6 — 19,99 €

*Seit Juli 2014 erscheinen unsere beliebten LOGI-Kochbücher in der praktischen verdeckten Spiralbindung.

systemed Küchenratgeber

Low-Carb – Low-Budget.
Kohlenhydratbilanzierte Küche für den kleinen Geldbeutel.
Wolfgang Link | Dr. med. Jürgen Voll
978-3-942772-65-5 — 7,99 €

Low-Carb unterwegs.
40 Rezepte für die Reise und zum Mitnehmen.
Franca Mangiameli | Heike Lemberger
978-3-942772-66-2 — 7,99 €

Low-Carb vegan.
40 Rezepte ohne tierische Lebensmittel.
Franca Mangiameli | Heike Lemberger
978-3-942772-68-6 — 7,99 €

Low-Carb bei Nahrungsmittelunverträglichkeit. (NEU)
30 Rezepte bei Laktoseintoleranz/Fruktoseintoleranz/Zöliakie.
Wolfgang Link | Dr. med. Jürgen Voll
978-3-942772-74-7 — 7,99 €

Low-Carb in 15 Minuten. (NEU)
40 »leichte« Schnellrezepte zum Genießen.
Wolfgang Link
978-3-942772-75-4 — 7,99 €

Low-Carb in der Schwangerschaft. (Erscheint Oktober 2014 – Vorbestellbar ab sofort!)
Gesundheit mit wenig Kohlenhydraten für Mutter und Baby.
Annett Schmittendorf
978-3-942772-72-3 — 7,99 €

KetoKüche kennenlernen. (NEU)
Die ketogene Ernährung in Theorie und Praxis.
Ulrike Gonder | Anja Leitz
978-3-942772-80-8 — 7,99 €

Low-Carb für Sportler. (Erscheint Oktober 2014 – Vorbestellbar ab sofort!)
30 kohlenhydratreduzierte Gerichte für den Sportler.
Wolfgang Link | Dr. med. Jürgen Voll
978-3-942772-91-4 — 7,99 €

Low-Carb-Desserts. (Erscheint Oktober 2014 – Vorbestellbar ab sofort!)
40 Desserts mit wenig Kohlenhydraten.
Wolfgang Link
978-3-942772-95-2 — 7,99 €

Low-Carb-Powerwoche. (Erscheint Oktober 2014 – Vorbestellbar ab sofort!)
In 7 Tagen Vitalität gewinnen und Gewicht verlieren.
Wolfgang Link | Dr. med. Jürgen Voll
978-3-942772-87-7 — 7,99 €

Low-Carb-Pfannengerichte. (Erscheint Oktober 2014 – Vorbestellbar ab sofort!)
40 Rezepte für die schnelle Pfanne mit wenig Kohlenhydraten.
Wolfgang Link
978-3-942772-93-8 — 7,99 €

Gesundheit

Mehr Fett! (Bestseller)
Warum wir mehr Fett brauchen, um gesund und schlank zu sein.
Ulrike Gonder | Dr. Nicolai Worm
978-3-927372-54-2 — 19,95 €

Menschenstopfleber.
Die verharmloste Volkskrankheit Fettleber.
Dr. Nicolai Worm
978-3-927372-78-8 — 19,99 €

Volkskrankheit Fettleber. (Erscheint Oktober 2014 – Vorbestellbar ab sofort!)
Verkannt – verharmlost – heilbar.
Dr. Nicolai Worm | Kirsten Segler
978-3-942772-78-5 — 16,99 €

Stopp Diabetes! (Bestseller)
Raus aus der Insulinfalle dank der LOGI-Methode.
Katja Richert | Ulrike Gonder
978-3-927372-56-6 — 16,95 €

Stopp Diabetes! Praxisbuch.
Ernährungs- und Bewegungspläne. LOGI-Methode. Ein besseres Leben mit Diabetes.
Katja Richert
978-3-942772-08-2 — 16,99 €

Ketogene Ernährung

Krebszellen lieben Zucker – Patienten brauchen Fett. (Bestseller)
Gezielt essen für mehr Kraft und Lebensqualität bei Krebserkrankungen.
Prof. Ulrike Kämmerer
Dr. Christina Schlatterer | Dr. Gerd Knoll
978-3-927372-90-0 — 24,99 €

Ketogene Ernährung bei Krebs. (NEU)
Die besten Lebensmittel bei Tumorerkrankungen.
Prof. Ulrike Kämmerer
Dr. Christina Schlatterer | Dr. Gerd Knoll
978-3-942772-43-3 — 14,99 €

KetoKüche für Einsteiger: Rezepte & Kraftshakes.
50 ketogene Rezepte, die schmecken.
Dorothee Stuth | Ulrike Gonder
978-3-942772-42-6 — 14,99 €

KetoKüche zum Genießen.
Mit gesunden Gewürzen und Kokosnuss. Über 100 ketogene Rezepte für Genießer.
Bettina Matthaei | Ulrike Gonder
978-3-942772-44-0 — 19,99 €

Stopp Alzheimer! (Jetzt als Paperback)
Wie Demenz vermieden und behandelt werden kann.
Dr. Bruce Fife
978-3-942772-86-0 — 20,00 € ~~24,99 €~~

Stopp Alzheimer! Praxisbuch.
Wie Demenz vermieden und behandelt werden kann. Mit zahlreichen Rezepten, Mental-Test sowie Warenkunde und Kohlenhydrattabellen.
Dr. Bruce Fife
978-3-942772-27-3 — 12,99 €

Grundlagenbroschüre Ketogene Ernährung bei Krebserkrankungen.
Prof. Ulrike Kämmerer
Dr. Christina Schlatterer | Dr. Gerd Knoll
(erhältlich nur beim Verlag) — 3,50 €

Praxisbroschüre Rezepte zur Unterstützung einer ketogenen Ernährung für Krebspatienten.
Prof. Ulrike Kämmerer | Nadja Pfetzer
(erhältlich nur beim Verlag) — 6,90 €
• Paketpreis für beide: 8,90 €

Das Beste aus der Koko
Natives Bio-Kokosöl und Bio-K
Ulrike Gonder
978-3-942772-56-3 — 4

Kokosöl (nicht nur) fürs
Wie das Fett der Kokosnuss hel gesund zu bleiben und das Gehi vor Alzheimer und anderen Sch schützen.
Ulrike Gonder
978-3-942772-38-9 — 5

Positives über Fette und
Warum gute Fette und Öle so wi uns sind.
Ulrike Gonder
978-3-942772-57-0 — 4,

Alle 3 Bücher im Paket
978-3-942772-55-6 — 12,

Das angesagte, neue Ernährung thema im systemed Verlag Gezielt essen bei Krebserkrankung Alzheimer und Demenz mit keto gener Ernährung

systemed verlag